KB266825

마케팅은 시스템이다

마케팅은 시스템이다

마케팅은 시스템이다

지속 가능한 매출을 만드는 7단계 시스템 설계

초 판 1쇄 2026년 04월 17일

지은이 채기쁨
펴낸이 류종렬

펴낸곳 미다스북스
본부장 임종익
홍보국 김가영
편집장 안채원, 이예나, 김은진
디자인 윤영빈, 윤가희, 임인영
책임진행 국소리, 송가희

등록 2001년 3월 21일 제2001-000040호
주소 서울시 마포구 양화로 133 서교타워 711호, 808호
전화 02) 322-7802~3
팩스 02) 6007-1845
블로그 http://blog.naver.com/midasbooks
전자주소 midasbooks@hanmail.net
페이스북 https://www.facebook.com/midasbooks425
인스타그램 https://www.instagram.com/midasbooks

ISBN 979-11-7355-876-4 03320

값 18,800원

미다스북스는 다음세대에게 필요한 지혜와 교양을 생각합니다.

마케팅은 시스템이다

지속 가능한 매출을 만드는
7단계 시스템 설계

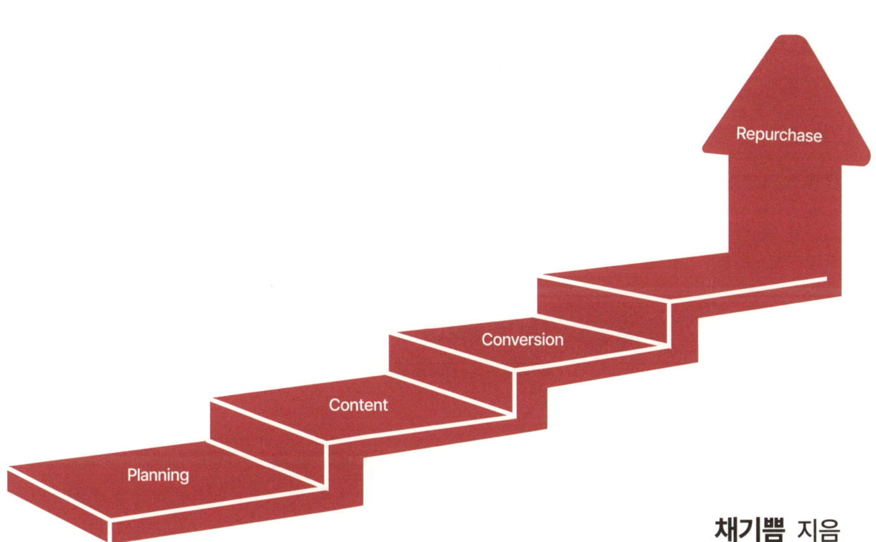

채기쁨 지음

미다스북스

목차

 **Part 2**
마케팅을 바라보는 관점의 전환

↗ Part 3
오래가는 사업가의 조건

광고를 멈추는 순간 매출도 멈춘다면, 그건 사업이 아니라 운에 기대는 구조다.

이 책은 내가 수년간 숏폼·콘텐츠·세일즈를 하며 몸으로 깨달은 한 가지를 정확히 짚어낸다. 매출은 감으로 만드는 게 아니라, 시스템으로 만들어진다는 사실이다. 저자가 증명한 마케팅 시스템 7단계 구조는 그럴듯한 이론이 아니라, 지금 당장 해볼 수 있는 실행 매뉴얼에 가깝다.

트래픽을 모으는 데서 끝나는 마케팅이 아니라 관계를 만들고, 신뢰를 쌓고, 반복 매출로 이어지는 구조까지 사업가가 반드시 알아야 할 흐름이 빠짐없이 담겨 있다. 조회수는 나오는데 돈이 안 되는 사람, 광고비에 사업의 생명줄을 맡기고 있는 사람이라면 이 책은 선택이 아니라 생존 도구다.

가치를 주는 구조를 만들고 싶은 사람에게, 이 책은 가장 현실적인 무기가 될 것이다.

　－『유튜브보다 10배 쉬운 숏폼으로 억대 연봉 벌기』 저자, 숏폼 크리에이터 선가이드

광고비에만 의존하는 마케팅은 한계가 명확합니다. 이 책은 그 한계를 뛰어넘어서 고객이 스스로 찾아오게 만드는 지속 가능한 시스템의 정수를 담은 책입니다. 무언가를 팔아야 하는 사람이라면 이 책을 한번쯤은 꼭 읽어 보길 권장합니다.

– 넥스트러너스 이한별 대표

한국에서는 마케팅만 가르치거나 마케팅 안에서도 유튜브, 릴스 등으로 쪼개서 가르친다. 열끈마케팅의 채기쁨 대표는 잠재의식과 마케팅 시스템을 융합한 몇 안 되는 사람 중 한 명이다. 마케팅, 마인드, 시스템은 어느 한 가지에만 몰두해도 원하는 결과가 나오지 않을 때가 있다. 그럴 때 이 책은 가장 좋은 솔루션이 될 것이라고 확신한다.

– 사업 코칭 및 컨설턴트, Aground 김서한 대표

우리는 흔히 사업의 위기가 닥치면 '더 열심히'를 유일한 해결책으로 삼곤 합니다. 잠을 줄이고, 광고비를 쏟아붓고, 유행하는 마케팅 기법을 쫓아다니며 스스로를 몰아세웁니다. 하지만 채기쁨 대표의 저서 『마케팅은 시스템이다』는 그 뜨거운 열정 이전에, 차갑고 정교한 구조가 선행되어야 함을 일깨워줍니다.

평소 본질을 깊이 파고드는 것을 좋아하는 저에게, 이 책은 단순한 마케팅 비법서 그 이상이었습니다. 저자는 자신의 처절한 실패와 성공을 가감 없이 공유하며, 마케팅은 일회성 기술이 아니라 고객이 스스로 찾아오는 유기적인 시스템이어야 한다고 강조합니다. 특히 "엔진 없이 연료(광고비)만 붓는 행위는 가속이 아니라 폭발"이라는 비유는, 광고라는 연료를 붓기 전에 신뢰라는 엔진을 먼저 구축해야 한다는 본질을 꿰뚫는 날카로운 조언

입니다.

이 책의 진정한 가치는 기획부터 재구매에 이르는 7단계 마케팅 시스템을 매우 꼼꼼하고 체계적으로 제시한다는 데 있습니다. 저자는 단순히 매출을 올리는 요령을 알려주는 것이 아니라, 내 삶의 경험과 연결된 나만의 WHY를 찾고, 가치관에 공감하는 꿈의 고객을 정의하는 데서 시작하라고 권합니다. '나를 살리는 일이 동시에 남을 살리는 구조'여야 한다는 저자의 철학은, 단순한 수익 창출을 넘어 사업가로서의 정체성을 다시금 세우게 하는 깊은 울림을 줍니다.

당장의 화려한 상위 노출보다, 광고를 멈추어도 흔들리지 않는 지속 가능한 조건을 만들고 싶은 분들께 이 책을 기꺼이 권합니다. 천천히, 그러나 단단하게 내 사업의 기초를 다지고 싶은 이들에게 이 책은 결코 길을 잃지 않게 해줄 명확한 이정표가 될 것입니다.

─ 『자기계발 불변의 법칙』 저자, 김현두

마케팅 대행을 해주는 회사는 흔합니다. 그러나 다수가 잡기술만으로 마케팅 대행을 합니다. 사업을 운영하는 대표들은 매출이 올라간다는 말에 혹해서 적지 않은 금액을 결제합니다. 그 결과 매출은 안 오르고 지출만 발생하는 결과를 만납니다.

이 책을 쓴 채기쁨 대표 또한 마케팅 대행 회사를 운영 중입니다. 하지만 다른 마케팅 대행사들과 확연히 다릅니다. 돈이 된다고 해서 들어온 마케팅 대행사와 진짜 고객을 돕고 싶은 마음으로 하는 마케팅 대행사는 천지차이입니다.

우리는 '열심히만 하면 결국 잘 된다.'라는 믿음에 절어 있습니다. 채기쁨 대표 또한 이 믿음으로 인생에서 많은 시행착오를 경험했습니다. 이 시행착오를 바탕으로 사업에서 매출이 오르려면 시스템이 중요하다는 것을 몸소 깨닫고 마케팅 대행에 적용하고 있습니다.

그저 책이나 강의·강연으로부터 "시스템이 중요하다."라는 말만 듣고 시작한 사람과, 인생에서 시행착오를 겪고 개선점을 찾은 사람 중에서는 후자가 깊고 본질적입니다. 이 책은 후자의 사람이 쓴 책입니다. 매출을 고민 중인 사업가라면, 왜 그동안 열심히 매출을 올리려 해도 쉽지 않았는지 새로운 눈을 갖게 될 거라 확신합니다.

―『과정이 콘텐츠다』 저자, 박선오

"분명히 그 누구보다 열심히 했는데, 왜 매출은 계속 제자리일까?"
"남들 사업은 다 잘 된다는데, 왜 내 사업만 늘 뒤처지는 것 같을까?"

사업을 하면서 이런 이야기는 모두가 들어봤을 것이다. "요즘은 사업하면 마케팅이 필수야." 많은 업체들이 그 말을 듣고 광고비를 쏟아붓는다. 성과가 나오지 않으면 광고 대행사를 여러 번 바꾸기도 하고, 상위 노출에 목숨을 걸기도 한다. 그렇게 당장은 매출이 조금 오르는 것처럼 보인다. 그래서 "역시 광고는 해야 돼."라는 확신도 생긴다. 하지만 이상하게도, 광고를 잠시만 멈추면 매출은 언제 그랬냐는 듯 사라진다. 남는 건 텅 빈 매출, 허무한 마음, 줄어든 예산, 그리고 반복되는 고민뿐이다.

그때 비로소 깨닫는다. 내 사업의 매출이 고객이 들어오는 구조가 아니라 광고비에만 기대고 있었다는 사실을. 그 순간 밀려오는 감정은 단순한 아쉬움이 아니다. 마치 밑 빠진 독에 계속 물을 붓고 있었다는 걸 뒤늦게 알아차린 듯한 공허함이다.

실제로 지금 우리와 함께하고 있는 변호사님은 과거에 매달 3,000만 원에서 5,000만 원까지 네이버 검색 광고와 블로그 상위 노출 포스팅에 투자하며 로펌을 운영해왔다. 하지만 광고를 잠시 멈추자 문의는 0에 가까울 정도로 떨어졌다고 했다. 지금까지의 노력이 허탈함을 넘어 깊은 회의감으로 바뀌는 순간이었다. 이 상황은 단순히 변호사 업계만의 문제가 아니다. 업종이 달라도 본질은 같다. 지금 이 순간에도 수많은 업체들이 같은 벽 앞에 서 있다.

나는 현재 7년째 마케터로 일하고 있으며, 지금은 '열끈마케팅'을 직접 운영하는 대표로서 현장에서 고객들과 함께 소통하고 있다. 열끈마케팅은 대부분의 대행사들과는 다르게 영업 전화를 하지 않는다. 찾아오는 고객만으로 회사를 유지해왔다. 이 방식으로 함께한 고객들의 변화는 뚜렷했다. 글 네 개만으로 온라인 매출이 1,000만 원 이상 오른 업체도 있었고, 사업자를 낸 직후 우리와 함께한 한 업체는 불과 3개월만에 끊임없는 문의를 받으며 자리를 잡았다. 그 결과 콘텐츠를 보고 SBS 출연 제의까지 받았다.

한 인테리어 업체는 6년 동안 여러 대행사를 써왔지만 효과를 보지 못하고 모든 마케팅을 접었다가 우리를 만났다. 우리가 마케팅 대행을 진행한지 3개월만에 문의량은 세 배로 늘었고, 경기가 좋지 않은 시기인데도 월 1억 원의 매출을 만들어냈다. 또 다른 업체는 20년 동안 단 한 번도 마케팅을 하지 않고 살아남아왔지만, 경기 침체가 찾아오자 위기를 맞았다. 그때 우연히 열끈마케팅 유튜브 영상을 보고 우리와 함께하게 되었고, 단 두 달만에 투자한 마케팅 비용의 몇 배가 넘는 매출을 경험했다.

이 사례들을 나열하는 이유는 단순히 실력을 자랑하려는 것이 아니다.

이 책을 끝까지 읽어야 하는 이유를 설명하기 위해 잠시 나의 이야기를 꺼냈을 뿐이다. 영업 전화를 하지 않았음에도 불구하고 지속적인 재계약과 소개만으로 회사를 운영할 수 있었던 비밀은 기술이 아니라 시스템에 있었다.

이 책을 쓰게 된 이유는, 마케팅을 단순 노출이나 기법이 아닌 구조의 문제로 다시 보게 하기 위해서다. 많은 사람들이 여전히 마케팅을 '상위 노출' 정도로만 이해한다. 혹은 누가 효과 있었다고 하는 마케팅이 있으면 무작정 돈부터 쓰고 본다. 그러나 진짜 문제는 정보의 부족이 아니다. 오히려 정보가 너무 많아 무엇부터 해야 할지 모르는 것이다. 강의를 듣고 책을 읽어도, 막상 내 사업에는 어떻게 적용해야 할지 알지 못한다. 대행사를 써봐도 크게 다르지 않다. 광고를 멈추면 매출도 멈추고, 결국 똑같은 고민만 반복된다.

내가 처음 사업자를 내고 스스로 번 돈은 딱 72만 원이었다. 회사 소속이 아닌, 오롯이 내 힘으로 고객을 얻어낸 성과였기에 더욱 선명하게 기억에 남는다. 그 후로 나는 약 3,000만 원의 교육비를 들여 강의와 책, 컨설팅을 통해 사업을 성장시키기 위해 노력했다. 밥 먹는 시간만 빼고 일에 매달릴 만큼 열심히 했지만, 그 과정에서 중요한 사실을 깨달았다. 기술을 배우고 무작정 열심히 한다고 해서 꼭 사업이 성장하는 것은 아니라는 것이다.

수많은 실행과 실패, 그리고 다시 일어섬을 반복하며 나는 결국 한 가지 진실을 깨달았다. 사업과 마케팅의 본질은 기술이 아니라 시스템(구조)에 있다는 것이다. 지금 나는 마케팅 시스템을 흔들림 없이 세우기 위해 끊임없이 시도하며 나아가고 있다.

이 책은 그 시스템에 관한 이야기다. 당장 효과를 내는 마케팅 요령을 모아둔 책이 아니다. 다시는 같은 문제로 무너지지 않도록, 흔들리지 않는 시스템을 세우는 방법을 담았다. 남들이 말해주지 않았던 사업의 본질, 그리고 보이지 않는 벽을 깨부수고 잠재력을 폭발시킬 수 있는 방법까지.

이 책을 끝까지 읽는다면 알게 될 것이다.

왜 당신이 늘 같은 문제 속에 갇혀 있었는지,
그리고 어떻게 그 벽을 넘고 다시는 제자리로 돌아가지 않을 수 있는지를.

PART 1

노력만으로는
결과가 달라지지 않는다

열심히 살면 언젠가는 보상받을 것이라 믿었다.
남들보다 더 뛰고, 더 버티면 달라질 거라 생각했다.

그런데 사업은 그렇게 단순하지 않았다.
방향이 틀리면 아무리 애를 써도 제자리였고, 구조가 없으면 같은 자리만 맴
돌았다.

돌아보면 결과를 바꾼 건 노력의 양이 아니라 방향과 구조였다.

그렇다면 무엇을 먼저 바꿨어야 했을까.
PART 1은 그 질문에서 시작한다.

CHAPTER 1

열심히 했는데 왜
성과가 남지 않을까?

많은 사업가는 누구보다 열심히 일하지만,
결과는 기대만큼 따라오지 않는다.
CHAPER 1에서는 '열심히'의 함정과
반복되는 실패의 구조를 먼저 들여다본다.

성실함은 전략이 아니라 생존 방식이었다

사람들은 말한다.

"열심히 사는 사람은 언젠가 빛을 볼 것이다."
"고생 끝에 낙이 온다."

그 말에 기대어 하루하루를 버티며 살아간다. 하지만 정말 그럴까? 나는 열심히 사는 사람들을 낮추려는 게 아니다. 단지 한 번쯤은 이 질문을 해보자는 것이다. 정말 열심히만 하면 성공할 수 있는 걸까?

현대그룹의 故 정주영 회장님은 이렇게 말했다.

"고생은 결코 부를 보장하지 않는다.", "아무리 오래 일해도 기준이 없으면 반복일 뿐이고, 방향이 틀리면 결국 제자리로 돌아온다.", "부는 기준 있는 선택과 구조화된 시스템, 그리고 실패에도 다시 일어서는 회복력에서 자란다."

내 주변에도 자신을 갈아 넣듯 매일을 보내는 사람들이 많았다. 생계를 위해 가게 문을 주 7일 내내 열고, 단 하루도 쉬지 않고 뛰어다니는 사람들도 있다. 나 역시 주 7일을 일한다. 하지만 나는 다르다. 내가 원하는 시간, 내가 원하는 장소에서 일할 수 있다. 하고 싶을 때 한다.

이 차이가 만들어진 이유는 단순히 열심히의 차이가 아니었다. 내가 경험한 환경 그리고 그 속에서 시스템의 중요성을 깨달았기 때문이다.

성실을 생존 전략으로 선택하게 된 이유

나는 여섯 남매 중 둘째였던 어머니의 보살핌 아래 자랐다. 어머니와 아버지는 교회에서 만나 결혼했고, 곧 내가 태어났다. 그러나 내가 다섯 살 때, 아버지는 간암으로 세상을 떠나셨다. 사진처럼 희미하게 남은 몇 장면만 있을 뿐 선명한 기억은 없다. 세 살 때 아버지를 잃은 내 여동생에게는 추억조차 없었다.

아버지가 일찍 세상을 떠나자 어머니는 주부로만 살 수 없었다. 두 아이를 키우기 위해 자격증을 따고 공부를 시작했다. 나중에 들은 이야기지만, 네 식구가 함께 살던 단칸방 시절이 오히려 가장 행복했다고 했다. 화장실이 밖에 있는 작은 방이었어도 웃음소리로 가득한 그 시간이 어머니에게는 소중했다. 하지만 행복은 너무 짧았다. 남편을 잃은 충격에 하나님을 원망하기도 했지만, 결국 정신을 다잡고 우리를 위해 다시 일어나셨다.

어머니의 삶 자체가 고난의 연속이었다. 어린 시절에는 여자라는 이유로 고등학교에 가지 못하고, 중학생 때부터 일을 했다. 시골 군산에서 안

양으로 흘러들어가 일을 하던 중 교회에서 아버지를 만나 가정을 꾸린 것이다. 공부를 손 놓은 지 오래였지만, 우리를 키우기 위해 다시 연필을 잡았다.

보육교사 자격증을 따서 어린이집에서 일했고, 이후 15년 넘게 아이들을 돌보았다. 낮에는 어린이집에서, 밤에는 집에서 우리를 챙기며 만들기 과제를 함께하던 어머니. 지금 생각하면 어머니야말로 진짜 원더우먼이었다.

어머니는 늘 말했다.

"열심히 해야 한다."
"성실해야 한다."
"돈 관계는 확실히 해야 한다."

그리고 가장 뼈아프게 남은 말은 이것이었다.

"아파도 회사에서 아파라."

나는 그 말 속에서 성실을 생존의 무기로 삼는 법을 배웠다. 덕분에 '열심히 살아야 한다.'는 각오가 내 삶에 자동으로 새겨졌다.

고등학교 시절, 나는 열여덟 살부터 아르바이트를 시작했다. 단순히 용돈이 필요해서가 아니었다. 사귀던 여자친구와 콜렉트콜을 너무 자주 쓴 탓에 통신비가 22만 원이나 나왔고, 그것을 갚기 위해 일을 시작한 것이다. 지금 돌이켜보면, 그 경험이 나에게는 정말 행운이었다.

수능을 끝낸 날에도 가장 먼저 알바했던 곳에 찾아가 "이제 다시 일할 수 있어요."라고 말했고, 그 주말부터 일을 다시 시작했다. 일하면서 나는 처음으로 깨달았다. '나는 일을 잘한다.' 이해가 빠르고, 전략적으로 움직였으며, 정리정돈에도 강했다. 주변의 칭찬과 인정 속에서 성취의 즐거움을 알게 되었다.

대학에 가서도 마찬가지였다. 학업도, 동아리도, 술자리도, 연애도 뭐든 열심히 했다. RCY 봉사동아리에서 경기도 지사 회장을 맡을 정도로 활동에 몰입했고, 첫 취업을 준비할 때도 불타 있었다. 공대를 졸업하기 전, 나는 빨리 돈을 벌고 싶었다. 취업센터 멘토링을 받고 자기소개서를 작성해 중견 IT 기업에 지원했는데, 뜻밖에도 서류 합격을 했다. 월급을 받는 상상만으로도 벌써 행복했다.

그때 당시 면접에서 기억나는 질문은 두 가지가 있다. "이상형이 무엇입니까?"라는 질문에 나는 솔직하게 '몸매가 좋은 사람'이라고 말했다. 자기관리를 잘하는 사람이 이상형이라서, 나 또한 자기관리를 열심히 하고 있어 건강한 몸으로 회사에 기여할 수 있다고 답했다. 또 하나는 "자신을 비유하면 무엇이냐."는 질문이었다. 나는 넥센의 마스코트 '턱돌이'라고 했다. 실제로 내 별명이기도 했고, 면접관들이 웃으며 분위기는 좋아졌다. 그러나 마지막 질문이 나를 막아섰다.

"전공 지식도 없는데 왜 지원했나요?"

결국 직무에 대한 열정보다는 취직 자체가 목적이라는 이유로 떨어졌다. 그리고 얼마 후, 지류 유통 회사에서 영업사원을 뽑는다는 소식을 들고 지원했다. 직원 수 여섯 명 남짓한 작은 회사였다. 처음 들어갔을 때는 '당장 집에 가고 싶다.'는 생각뿐이었지만, 합격 통보를 받았다. 대표가 "당장 일할 수 있느냐."고 묻자, 나는 주저 없이 할 수 있다고 대답했다.

그때부터 나의 열심히의 지옥이 시작되었다.

열심히 했는데도
결과가 바뀌지 않는 순간

첫 회사에 입사했을 때, 나는 그야말로 열정에 불타 있었다. "여기가 내 출발점이다."라는 마음으로 누구보다 열심히 하겠다고 다짐했다.

하지만 현실은 냉혹했다. 영업사원이라는 직책으로 들어갔지만, 회사에는 제대로 된 시스템이 없었다. 매달 결산을 하려면 전산에서 자료를 엑셀로 내려받아 수십 페이지의 자료를 직접 대조하고 수기로 맞춰야 했다. 숫자가 조금만 어긋나도 처음부터 다시 시작해야 했다. 그 작업을 하다 보면 밤 11시나 자정을 넘기는 건 당연했고, 새벽 2시까지 사무실 불을 켜둔 날도 많았다.

월말이 다가오면 회사 분위기는 전쟁터가 됐다. 아무리 서둘러도 완벽하게 마감을 맞추는 데는 꼬박 1~2주가 필요했다. 그렇게 시간을 다 쓰고 나면 나머지 2주는 밀린 일을 처리하느라 허덕였다. 결국 내 기억 속 정시 퇴근은 첫 달 딱 한 번뿐이었다. 영업사원으로 들어왔지만 영업지원 인력이 부족하다는 이유로 그 일을 하게 되었다. 퇴사 전까지 추가 고용은 없었고, 나는 영업사원으로서의 일은 해보지도 못하고 하루 종일 전화 업무만 했다.

3개월쯤 지나자 나는 매일 똑같은 생각에 시달렸다.

"도망치고 싶다."

그러나 또 다른 목소리가 속에서 들려왔다.

"첫 회사에서 이렇게 그만두면 넌 아무것도 아닌 게 된다. 최소 1년은 버텨야 한다."

결국 스스로를 옭아매며 버티는 길을 선택했다. 그렇게 1년이 지났고, 드디어 연봉 협상이라는 보상이 올 차례라고 믿었다. 하지만 돌아온 대답은 연봉을 올려줄 수 없다는 싸늘한 답변이었다.

회사는 젊음을 미끼로 열정페이를 강조했다. 더 큰 배신은 회사가 확장 이사를 하던 날 찾아왔다. 직원 모두가 이삿짐센터 대신 이사꾼이 되었다. 책상, 의자, 컴퓨터 장비까지 우리 손으로 날랐다. 땀범벅이 되어 하루 종일 일하고 난 뒤 회사가 내놓은 건 짜장면 한 그릇이었다.

그 짜장면과 함께 내 마음속에 결심이 내려졌다.

"이 회사는 희망이 없다."

나는 퇴사를 선택했다.

회사를 나온 뒤, 나는 완전히 다른 길을 선택했다. 여행 유튜버였다. 모아둔 돈을 들고 친구와 함께 해외를 돌며 영상을 찍어 올리면 언젠가는 성공할 수 있으리라 믿었다. 이국적인 풍경, 현지 사람들과의 인터뷰, 자유롭게 떠도는 삶은 생각만 해도 가슴이 뛰었다.

하지만 집에 매달 보내야 하는 생활비가 있었기에 아무 계획 없이 떠날 수는 없었다. 최소 6개월은 버틸 돈이 필요했다. 그래서 공장에 들어가 9시부터 6시까지 일하고, 퇴근을 하자마자 알바 두 개를 추가로 뛰며 일주일 내내 쉬지 않고 돈을 모았다. 몸은 매일 녹초가 되었지만, "이 모든 게 유튜브를 위한 투자야."라는 생각으로 버텼다.

드디어 목표했던 금액을 모으고 카메라와 삼각대를 챙겨 배낭을 메고 공항에 서 있던 그날, 나는 세상이 내 것이 된 것 같았다. 출국 게이트를 지나며 속으로 중얼거렸다.

"드디어 나도 자유다."

그러나 환상은 오래가지 않았다. 친구와 나는 매일같이 영상을 찍고 편집했지만 성과는 더뎠다. 3개월 동안 모은 구독자는 겨우 700명. 수익화까지 가려면 턱없이 부족했다. 시간은 빠르게 흘러가고, 통장에서 빠져나가는 돈은 점점 불안감을 키웠다.

그리고 결정적인 일이 벌어졌다. 바로 코로나가 터진 것이다. 하늘길이 막히자 모든 계획은 단숨에 무너졌다. 결국 6개월을 채우지도 못한 채 서둘러 귀국해야 했다. 비행기에 오르는 발걸음은 너무도 무거웠다.

귀국 후 2주간의 자가격리. 그 지루한 시간 속에서 나는 우연히 블로그를 접했다. 처음에는 단순히 유튜브 채널을 알리기 위해 글을 쓰기 시작했다. 그러나 곧 블로그가 단순한 기록장이 아니라는 걸 깨달았다. 글을 통해 나를 알릴 수 있었고, 사람들에게 내 이야기가 닿는 걸 보며 묘한 흥분을 느꼈다. 그 계기로 나는 마케팅의 세계에 발을 들였고, 결국 마케팅 대행사에 입사하게 되었다.

대행사에서 나는 또다시 전력으로 달렸다. 하루에 80통, 많게는 100통 가까운 전화를 걸며 광고주들과 소통했다. 거절당하는 게 더 많았지만 통화가 길어지고 계약으로 이어질 때의 짜릿함이 있었다. 1년 6개월 동안 쉼 없이 달렸다. 어느 날은 사내 프로모션에서 100명 중 2등을 차지하며 시그니엘 서울 호텔 티켓을 받았다. 상장을 들고 사진을 찍던 순간, 나는 속으로 되뇌었다.

"그래, 이렇게 열심히 하면 반드시 보상받는 거야."

하지만 그 믿음은 오래가지 않았다. 내가 관리하던 광고주들이 하나둘 나를 떠나가면서 내 월급도 다시 기본급으로 내려앉았다. 열심히 했지만 결과는 내 손에 남지 않았다. 결국 나는 이 일을 그만두기로 했다.

그리고 또다시 새로운 길을 선택했다. 이번엔 헬스 트레이너였다. 친척 형 밑에서 일을 배우며 스스로 다짐했다. "여기가 마지막 직장이라고 생각하자." 곧바로 하남으로 내려갔다. 모아둔 수백만 원을 쏟아부어 생활체육 지도자 자격증과 각종 사설 자격증을 취득했다.

하지만 시작은 혹독했다. 첫 달 월급은 고작 25만 원. 방세조차 감당하기 어려웠다. 결국 나는 헬스장 한쪽에 작은 텐트를 치고 숙식을 해결했다. 낮에는 회원을 가르치고, 밤에는 텐트에 누워 불 꺼진 헬스장의 공기 속에서 잠들었다. 그 속에서 나는 스스로를 다독였다.

"이 또한 지나가리라."

1년쯤 지나자 월 350만 원 정도를 벌기 시작했다. 하지만 그 대가로 내 시간은 모두 사라졌다. 아침 7시부터 수업, 밤이 되면 탈진한 듯 바닥에 쓰러졌다. 삶은 오직 일로만 채워졌다. 결국 지쳐버렸다. 나는 또 가방을 싸고 고향인 안양으로 돌아왔다.

그때 나이 30살. 그리고 통장을 들여다본 순간 나는 숨이 턱 막혔다.

잔고는 고작 600만 원.

"나는 분명 누구보다 열심히 살았는데…
왜 남은 게 이것뿐이지?"

억울함이 치밀어 올랐다. 죽어라 일하고, 새벽까지 버티고, 주말도 반납하며 살아왔는데 돌아온 건 빈 통장과 지친 몸뿐이었다.

주위를 둘러보면 친구들은 하나둘 결혼을 준비하고, 저마다 차를 몰고 다녔다. 심지어 집을 장만한 친구도 있었다. 그런 이야기를 들을 때마다 나는 점점 더 작아졌다. 누군가는 인생의 레벨을 올려가는 것 같은데 나는 여전히 제자리에서 허우적대는 기분이었다.

이때까지만 해도 나는 알지 못했다. 무엇이 잘못되었는지, 어디서부터 어긋난 것인지.

그렇게 혼자 비참함을 곱씹으며 앉아 있던 어느 날, 우연히 내 눈에 한 광고가 들어왔다.

무자본 창업 300만 원
불만족 시 100% 환불
사업으로 성과를 낸 후 갚으셔도 됩니다.

기회처럼 보이는
또 하나의 함정

　　나는 사업을 시작하기 전까지 늘 돈만 좇는 사람이었다. 능력은 준비되지 않았는데 큰돈을 벌고 싶다는 허상만 안고 살았다. 그때의 나는 내가 무엇을 진짜 원하고 있는지조차 몰랐다. 돌이켜보면 그럴수록 내 행복과는 점점 멀어지고 있었는데, 그 사실조차 알지 못했다.

　　지금까지 내가 택한 일들을 떠올려 봤다. 술을 마시며 사람들과 어울리면 성과가 난다고 믿었던 영업사원, 조회수만 터지면 단숨에 부자가 될 거라 생각했던 유튜버, 전화기를 붙들고 인센티브만 바라보며 버텼던 마케팅 대행사 직원, 프리랜서라 자유롭게 벌 수 있다고 착각했던 헬스 트레이너까지. 겉으로는 다 달라 보이는 직업들이었지만 공통점은 분명했다.

　　나는 언제나 돈이 많이 벌릴 것 같은 직업만 선택했다. 그게 내 기준이었다.

　　좋은 집을 사고 싶었다. 좋은 차를 몰고 싶었다. 남들이 부러워하는 삶을 살고 싶었다. 그리고 이렇게 단순하게 믿었다.

"열심히만 하면 언젠가는 돈이 따라올 거야."
"그럼 나도 행복해질 거야. 걱정 없이 살 수 있을 거야."

하지만 그 믿음에는 치명적인 허점이 있었다. 나는 편하게, 빨리 돈을 벌고 싶어 했다. 스스로의 역량을 키우는 데는 관심이 없으면서 결과만 빨리 움켜쥐려 했다. 그래서 내가 선택했던 대부분의 일들은 길어야 1~2년을 버티지 못했다. 원하는 만큼 벌지 못하면 또 다른 기회를 찾아 옮겨 다녔다.

겉으로 보면 '열정적인 청춘의 도전' 같았지만 속내는 달랐다. 나는 늘 "이번엔 될 거야."라는 막연한 기대만 안고 뛰어들었고, 성과가 보이지 않으면 또 다른 길을 찾아 떠났다. 그게 반복이었다.

물론 이 과정에서 얻은 게 전혀 없던 것은 아니다. 나는 결단과 실행력만큼은 강했다. 결정의 순간이 오면 뒤돌아보지 않았다. 그런 무모한 용기는 항상 나를 어디론가 데려가 주긴 했다. 하지만 문제는 그다음이었다. 그 길은 늘 시작만 요란했지, 내가 원하던 곳까지 데려다 준 적은 단 한 번도 없었다.

그렇게 결국 서른 살, 텅 빈 통장을 들여다보며 나는 깊은 우울에 잠겨 있었다. 잔고에 찍힌 숫자는 지난 10년 동안 내가 흘린 땀과 시간, 그 모든 결과였다. 나는 한동안 무기력하게 방바닥에 누워 유튜브 영상을 흘려보내듯 틀어놓고 시간을 죽였다.

그때, 내 눈에 한 광고가 불쑥 들어왔다.

무자본 창업 8주 과정으로 월 300만 원 소득을 만드세요.
불만족 시 100% 환불해 드립니다.

짧고 단순한 문장이었지만 그 글귀는 내 마음 깊숙한 곳을 강타했다. 마치 지금의 나를 위해 맞춤 제작해 놓은 듯했다. 나는 망설임도 없이 광고를 눌렀고 곧바로 홈페이지로 들어갔다. 자세히 살펴보니 조건은 더 솔깃했다. 교육비조차 후불제로, 사업을 진행하며 성과가 나면 그때 갚아도 된다는 것이다. 나 같은 상황의 사람에게는 도저히 외면할 수 없는 제안이었다.

"8주 만에? 그것도 무자본으로? 월 300만 원이라니… 이게 가능할까?"

그런데 이때 '가능할까?'라는 의심보다 먼저 치고 올라온 감정은 기대와 설렘이었다.

"그래, 이거다. 지금 나에게 필요한 건 바로 이거야."

심장이 쿵쾅거리며 빨라졌다. 더는 물러설 곳이 없었다. 남들처럼 차도 없고, 집도 없고, 결혼 준비도 못 한 채 겨우 600만 원 남은 통장을 붙잡고 허우적거리는 내 모습이 너무 초라했다.

이날 나도 모르게 5일 무료 선행 과정을 신청했다. 5만 원의 비용이 들었지만 수료만 하면 전액 환급해 준다는 조건이었다. "교육만 들으면 손해 볼 게 없겠지."라며 합리적인 계산으로 포장했지만 사실은 간절함에 내 선택은 이미 기울어 있었다.

그렇게 나는 누군가 정교하게 설계해 놓은 마케팅 퍼널 속으로 한 발짝 들어서고 있었다.

그 당시의 나는 몰랐다. 그 문이 진짜 기회의 문인지, 아니면 또 다른 실패의 덫인지를. 다만 절망 속에 허우적대던 나에게는 빛으로 보였다는 것만은 분명하다.

나는 돈을 좇다 늘 같은 함정에 빠졌다. "빨리"와 "쉽게"라는 단어가 붙어 있으면 언제나 마음이 흔들렸다. 그리고 그 흔들림은 늘 같은 결말로 이어졌다.

'열심히'는 나를 지켜주지 못했다.
'빨리'는 늘 나를 더 크게 돌아가게 만들었다.

돈은 결과였지 목표가 되어선 안 됐다.

아마 이 책을 읽고 있는 당신도 속으로 이렇게 생각할 수 있을 것이다.

"아니, 사업을 하는 이유가 결국 돈 벌려고 하는 거 아닌가?"

맞다. 돈은 필요하다. 그러나 돈만 좇을수록 행복은 멀어졌다. 나는 그걸 뼈저리게 경험했다. 지금부터 이 책을 읽다 보면 당신의 생각도 조금은 달라질 것이다.

똑똑할수록 사업이 어려운 이유

창업 시장에서는 이런 말이 자주 들린다.

"저 대표님은 공부도 많이 했고, 경력도 화려한데 왜 사업은 잘 안 될까?"

실제로 똑똑한 사람들은 사업을 시작할 때 주목을 받는다. 하지만 더 빨리 무너지는 경우가 많다. 이유는 간단하다.

사업은 머리 싸움이 아니라 살아남는 싸움이다

똑똑한 사람들이 자주 빠지는 함정이 있다. 머릿속에서 굴린 논리가 현실보다 앞서버린다는 것이다. 머리로만 짠 전략은 화려해 보이지만, 정작 고객이 돈을 내지 않으면 아무 의미가 없다. 또 하나는 자기만의 똑똑함에 갇히는 태도다. "내가 옳다."는 확신이 강해질수록 주변 사람들의 의견이 들리지 않는다. 팀원들의 조언이나 고객의 피드백마저 가볍게 넘겨버리니 결국 스스로 만든 울타리 안에 고립된다.

마지막으로는 경력과 스펙이 성공을 보장한다고 착각하는 태도다. "내가 이 정도 학력과 커리어가 있는데 당연히 잘 될 거야."라는 믿음이 빈틈을 가려버린다. 하지만 사업은 스펙이 아니라 구조와 실행으로 굴러간다.

결국 사업에서 살아남는 사람은 아직 배워야 한다고 인정하는 사람이다.

나는 이 사실을 사업을 시작하기도 전에 무자본 창업 교육을 통해 배웠다. 강의를 들으며 깨달은 공통점이 있었다. 사람들이 망하는 가장 큰 이유는 자기 자신을 너무 믿기 때문이었다.

대부분 망한 창업자들은 이렇게 시작한다.

1. 자기 아이템을 "이건 무조건 된다."라고 믿는다.
2. 주변 몇 명에게 물어본 뒤 곧바로 돈을 투자한다.
3. 상품을 대량으로 만들고, 그제서야 마케팅을 시작한다.
4. 결국 상품은 팔리지 않고 큰 빚을 떠안는다.

"시장에서 이게 정말 팔릴까?"

이 질문에 답을 확인하지 않고 시작하기 때문에 일찍 망하는 것이다.

나도 처음에는 "사업은 무조건 큰돈을 걸어야 하는 거구나."라고 믿었다. 망하면 바로 빚더미에 앉고 인생이 끝나는 거라고 생각했으니까. 그런데 무자본 창업이라는 개념을 처음 알았을 때 눈앞이 확 트였다.

"아, 빚지지 않고도 창업을 할 수 있네? 망해도 다시 시도할 수 있네?"

그때 배운 가장 중요한 교훈은 이것이다.

> 1. 먼저 시장 조사를 한다.
> 2. 내 시간과 노동력을 투자해 작은 테스트를 한다.
> 3. 반응이 있으면 소량의 마케팅 비용을 써본다.
> 4. 피드백을 받고 상품을 보완한다.
> 5. 시장 반응이 확실해질 때 그제서야 투자를 늘린다.

이 과정을 거치면 망할 확률은 줄고 설령 실패해도 쉽게 다시 시작할 수 있다. 무자본 창업은 단순히 돈이 적게 드는 방식이 아니다. 다시 시도할 수 있는 힘을 주는 방식이다.

그렇게 나는 무자본 창업 교육을 들으며 내 생애 첫 사업을 준비하기 시작했다. 새로운 정보들이 머릿속에 계속 들어오니 마치 세상이 새롭게 열리는 것 같았다. 그동안 나는 마케팅 회사에서 일을 하며 나름대로 경험을 쌓았다고 믿었다. 하지만 내 사업을 직접 준비하면서 배운 실질적인 방법들을 접하니 그동안의 나는 그저 우물 안 개구리였다는 사실을 깨달았다.

마케팅 회사에 있을 때는 광고주의 100만 원이 별로 큰돈처럼 느껴지지 않았다. 나에게 인센티브가 들어오려면 보통 1,000만 원, 5,000만 원 이상 쓰는 광고주가 있어야 했기 때문이다. 그러나 막상 내 사업을 하려고 하니 100만 원조차 엄청 큰돈이었다.

초기에 이 금액을 마케팅에 투자한다는 건 단순한 지출이 아니라 내 미래를 거는 결심이었다. 그때 나는 깨달았다. 정말 많은 사람들이 아무런 공부도 없이 누군가의 말 한마디, 영업 전화 한 통에 수백만 원을 투자한다는 사실을.

"그러니 실패할 수밖에 없겠구나. 나는 절대 그러지 말아야겠다."

그런데 바로 그 시기에 내 인생을 바꿀 사건이 찾아왔다. 어느 날 무자본 창업 교육을 듣고 네이버 카페에 자료를 정리하고 있는데 누군가 내게 쪽지를 보냈다. 그 메시지는 지금 열끈마케팅을 함께 운영하고 있는 '김민정 이사'에게서 온 것이었다.

"안녕하세요, 저는 창업 교육을 같이 받고 있는 김민정이라고 해요. 전에 마케팅을 하셨다고 하셨는데, 혹시 궁금한 걸 물어봐도 될까요?"

광고비를 써도
매출이 늘지 않는 이유

나는 네이버 공식 대행사에서 처음으로 마케팅을 배웠다. 네이버 공식 대행사란 네이버에 돈을 주고 광고하는 업체들의 계정을 대신 설정하고 관리해주는 회사다. 네이버는 광고주가 쓰는 비용의 15%를 수수료로 대행사에 지급한다. 광고주가 잘 돼서 광고비를 더 쓸수록 대행사 수익도 커지는 구조다.

이 구조 안에서 마케터들은 이미 광고를 진행하고 있는 광고주에게 전화를 걸어 설득한다.

"제가 관리하면, 지금보다 훨씬 더 효율적으로 광고를 돌릴 수 있습니다."

나도 그 현장에서 처음 마케팅을 배웠다. 파워링크와 네이버 쇼핑 광고. 그때는 정말 신세계였다. 광고 관리 원리를 배우는 순간 이런 생각이 들었다.

"와… 이거 대박인데. 나도 돈 엄청 벌 수 있겠는데?"

첫 전화를 들고 잔뜩 기대했다. 긴장된 목소리로 준비한 스크립트를 또박또박 읽었다. 그렇게 첫 줄을 자신감 있게 읽었는데.

뚜뚜뚜…

아무 말 없이 바로 끊겨버렸다. 순간 깨달았다.

"역시… 쉬운 건 없구나."

그때부터 콜 수를 늘려야 한다는 걸 알았다. 하루에 수십 통씩, 때로는 100통 가까이 걸었다. 다행히 예전에 유통회사에서 영업지원 업무도 했었고, 대학생 시절 11번가에서 전화 상담 아르바이트도 해본 경험이 있어서 금방 리듬을 찾아 빠르게 첫 고객을 얻을 수 있었다.

여기 회사를 다니면서 나는 한 가지를 깨달았다. 어떤 곳이든 원탑을 찍고 살아남는 사람은 늘 자기만의 무기를 하나씩 장착한 사람이라는 것이다. 잘하는 사람들은 단지 네이버 검색광고만 공부하지 않았다. 각자 자신만의 역량을 꾸준히 키우고, 그걸 전화 제안에 얹었다.

그래서 나는 인생 처음 100만 원이라는 돈을 투자해 스마트스토어 강의를 수강했다. 단순 광고 관리에 그치지 않고 스토어 관리까지 패키지로 제안할 수 있다면 훨씬 경쟁력이 있을 거라 생각했기 때문이다.

그런데 여기서 한 가지 짚고 넘어가고 싶은 것이 있다. 이 책을 읽는 독자 중에는 '네이버 광고'라는 말을 처음 듣는 사람도 있을 것이고, 이미 월

수백만~수천만 원의 광고비를 쓰고 있는 사람도 있을 것이다. 내가 대행사에서 느낀 점은 영업 전화를 하는 사람들 중에는 여러 부류가 있다는 것이다.

본인의 월급을 위해 사탕발림으로 유혹하는 사람도 있고, 기술적으로 광고를 분석하며 관리 능력이 뛰어난 사람도 있다. 그래서 우리는 반드시 명심해야 한다.

**사업을 할 예정이거나 지금 운영을 하고 있다면,
마케팅은 반드시 스스로 공부해야 한다.**

직접 공부를 해봐야 좋은 마케터를 구별할 수 있다. 마케팅을 잘 모르고 대행사를 맡기는 것은 세상 돌아가는 것도 모르면서 지인이 좋다고 해서 내 소중한 돈을 주식에 몽땅 투자하는 것과 다를 게 없다.

마케팅 공부를 하지 않는 사람들의 일반적인 생각은 이렇다.

"광고비를 많이 쓰면 쓸수록 매출이 같이 오르는 거 아니야?"

나도 처음에는 그렇게 믿었다. 하지만 한 달에 10만 원부터 3,000만 ~5,000만 원까지 사용하는 업체를 관리해 보면서 단순히 광고비를 늘리고 노출과 클릭 수를 올리는 것만으로는 절반짜리 마케팅에 불과하다는 걸 깨달았다.

가장 중요한 건 문제를 해결하는 구조를 기획하는 것이다

광고를 하는데 기획이 잘못되어 있으면, 아무리 돈을 쓰고 클릭이 늘어도 그 클릭은 잠깐의 반짝임일 뿐이다.

- 고객이 왜 이 상품을 사야 하는가?
- 내 상품이 그 사람에게 어떤 문제를 해결해주는가?
- 수많은 경쟁자 중 왜 나를 선택해야 하는가?

지금 위 질문들에 바로 답하지 못한다면 광고비를 아무리 쏟아도 매출은 일어나지 않을 것이다. 고객은 냉정하다. 내가 얼마나 공들였는지, 원가가 얼마인지는 관심 없다. 고객이 지갑을 여는 기준은 단 하나, 본인이 느끼는 가치다. 그 가치를 어떻게 느끼게 하는지는 CHAPTER 5에서 더 자세히 다뤄보겠다.

나는 이 사실을 깨닫는 데 3년이 걸렸다. 돌이켜보면 그 깨달음의 씨앗은 무자본 창업 교육을 듣던 그 시절에 이미 내 안에서 조금씩 자라나고 있었다.

그때 당시 나는 어떤 아이템으로 사업을 시작해야 할지 감이 잡히지 않았었다. 그래서 생각했다.

"일단 당장 내가 할 수 있는 걸로, 직접 돈을 벌어보자."

그 무렵 교육 과제로 '망고보드'를 이용해 나만의 상세페이지를 만드는 미션이 주어졌다. 비록 완성도는 높지 않았지만 이틀 만에 나만의 상세페이지를 만들었다. 그저 숙제니까 열심히 해서 올렸을 뿐이었다.

그런데 뜻밖의 일이 벌어졌다. 같은 교육을 듣던 한 동기가 내 상세페이지를 보고 연락을 해온 것이다.

"혹시 1:1 강의를 받아 볼 수 있을까요?"

그 사람은 펜션을 운영하고 있는 대표였다. 그렇게 나는 생애 첫 유료 강의를 진행했다. 금액은 단돈 5만 원. 하지만 내게 그 5만 원은 세상의 어떤 돈보다 컸다. 그건 내 가능성을 스스로 증명한 순간이었다.

그날 밤, 나는 모니터를 바라보며 혼잣말을 했다.

"이게 진짜 되는구나."

그 후 내가 만든 상세페이지를 본 또 한 사람이 있었다. 지금의 열끈마케팅 공동대표 김민정 이사였다. 김이사는 당시 쪽지로 이렇게 말했다.

"마케팅에 대해 궁금한 걸 조금 여쭤봐도 될까요?"

그렇게 우리는 처음 대화를 나누게 되었다.

그때 김민정 이사는 식당 마케팅을 주제로 상세페이지를 기획하고 있었고 피드백을 요청했다. 나는 아직 전문가라고 부를 수준은 아니었지만 함께 구조를 정리해보자는 마음으로 페이지를 하나하나 뜯어보며 의견을 나눴다. 서툴렀지만 적어도 고객의 입장에서 보려는 노력만큼은 진심이었다.

하지만 솔직히 말하면 속으로는 이런 생각도 했다.

"식당 마케팅이 과연 큰돈이 될 수 있을까?"

나는 네이버 공식 대행사에서 월 수백만 원에서 수천만 원씩 광고비를 쓰는 업체들을 관리해왔다. 그래서 자연스럽게 이런 기준이 생겨 있었다. 광고비를 많이 쓰는 업종이 곧 돈이 되는 업종이라고 믿고 있었다.

그리고 그 기준이 완전히 틀렸다는 사실은 오래 지나지 않아 드러났다.

광고비 한 푼 쓰지 않고도, 구조를 다시 설계한 그 식당 마케팅 상세페이지는 10개월 만에 1억 원의 매출을 만들어냈다.

그제서야 나는 이해하기 시작했다. 매출의 크기를 결정하는 건 광고비가 아니라, 고객의 문제를 정확히 짚어낸 구조라는 것을.

CHAPTER 2

광고 중심의 마케팅이
무너지는 이유

광고를 켜면 매출이 오르고, 끄면 사라진다.
그 반복이 당연하게 느껴졌다면 이미 의존이 시작된 것이다.

광고가 문제가 아니라 순서가 문제였다는 것을,
CHAPTER 2에서 짚어본다.

광고가 멈추는 순간
드러나는 진짜 문제

"광고를 안 돌리면 매출이 안 나와요."

이 말은 내가 마케팅 회사를 다닐 때 가장 자주 들은 문장이자 동시에 가장 많이 했던 말이다. 그때는 이 문장이 전혀 이상하지 않았다. 오히려 당연한 진실처럼 느껴졌다. 광고를 돌리면 노출이 늘고, 노출이 늘면 클릭이 생기고, 클릭이 늘면 문의가 늘어난다. 그리고 문의가 늘면 매출이 오른다. 숫자가 증명하고 있었기 때문이다.

하지만 지금은 안다.

이 문장이 자연스럽게 나온다는 건, 이미 사업이 생존모드로 운영되고 있다는 신호다.

처음 광고를 집행하면 대부분 비슷한 경험을 한다. 광고를 시작하자마자 유입이 늘고, 문의가 오고, 매출이 반응한다. 그동안 고생했던 시간이 보상받는 느낌이 든다. '드디어 제대로 방향을 잡았구나.' 하는 희망이 생긴다. 광고는 효자처럼 느껴진다. 광고비를 조금 더 올리면 매출도 조금 더 오른다. 그러면 확신이 생긴다.

"역시 광고는 필수구나."

문제는 그다음이다. 내부 사정으로 광고를 잠시 멈추는 순간 모든 것이 거짓말처럼 사라진다. 매출이 줄고, 문의가 끊기고, 유입이 급감한다. 매출에 찍히던 숫자가 눈에 띄게 줄어든다. 그때부터 불안이 시작된다.

'이번 달 매출은 어떻게 채우지?'
'광고비를 더 써야 하나?'
'경쟁사가 더 많이 쓰고 있는 건 아닐까?'
'지금 줄이면 순위가 떨어지지 않을까?'

이 질문이 머릿속을 지배하기 시작하면 사업은 이미 생존모드다.

생존모드의 가장 큰 특징은 단순하다. 광고를 멈추면 매출도 멈춘다. 매출이 멈추면 다시 광고를 켠다. 그리고 광고를 켜는 동안만 숨을 돌린다.

멈추면 바로 무너지는 의존 구조

Marketing Science Institute의 연구에 따르면 광고를 중단한 기업은 1년 안에 평균 16%의 매출이 감소하고 2년 뒤에는 25% 이상 매출이 줄어든다고 한다. 많은 사람들은 이 수치를 이렇게 해석한다. "그래서 광고는 멈추면 안 되는 거구나." 하지만 이 데이터를 다르게 볼 필요가 있다.

광고가 사라졌을 때 매출이 사라진다면, 그동안의 매출은 광고가 만든 착시였을 가능성이 크다. 광고는 수요를 증폭시키는 도구일 뿐 수요를 창조하지는 못한다. 이미 고객의 머릿속에 자리 잡은 신뢰, 명확한 문제 정의, 차별화된 제안이 있을 때 광고는 힘을 가진다. 그게 없다면 광고는 모래 위에 집을 짓는 것과 같다.

몇 달 전 상담했던 한 변호사님도 같은 경험을 했다. 그분은 직접 로펌을 운영하며 매달 3,000만 원에서 5,000만 원까지 네이버 검색 광고와 블로그 상위 노출에 투자하고 있었다. 광고를 집행하는 동안에는 문의가 끊이지 않았다. 몇 년간 꾸준히 광고를 유지하며 운영해왔다.

그런데 어느 날 광고를 잠시 멈추자 문의가 거의 0에 가까워졌다. 변호사님은 그때의 심정을 이렇게 말했다.

"정말 허무했어요. 몇 년 동안 쌓아온 게 아무것도 아닌 것 같았어요."

수억 원을 쓰고도 광고를 끄는 순간 남은 것이 없던 것이다. 이건 특정 업종의 문제가 아니다. 변호사, 의사, 학원장, 쇼핑몰, 인테리어, 프랜차이즈까지 광고 의존 구조에 들어간 사업은 모두 같은 패턴을 반복한다.

광고 효율이 떨어지면 해결책은 늘 비슷하다. 마케팅 담당자를 바꾸거나 클릭 단가를 올리거나 키워드를 수정한다. 숫자는 끊임없이 조정된다. 보고서는 더 정교해진다. 그러나 정작 바뀌는 건 광고 세팅 화면뿐이고 사업의 구조는 그대로다.

시스템이 없는 사업은 매달 처음부터 다시 시작하는 것과 같다. 이번 달 광고를 켜야 다음 달 매출이 나온다. 끄는 순간 리셋된다.

반대로 시스템이 갖춰진 사업은 다르다. 광고를 멈춰도 콘텐츠가 남고, 고객 후기가 남고, 재구매 고객이 남고, 브랜드에 대한 기억이 남는다. 시간이 지날수록 자산이 쌓인다.

실제로 나와 함께한 한 인테리어 업체는 6년 동안 광고와 상위 노출용 블로그에 의존해왔다고 했다. 광고는 꾸준히 집행하고 있었지만 기대만큼 문의가 들어오지 않는 상태였고, 광고를 끄면 문의가 0이 될까 봐 차마 중단하지도 못하는 상황이었다.

그때 우리는 광고비를 오히려 1/3로 줄였다. 대신 구조를 설계했다.

고객이 검색 단계에서 어떤 고민을 하는지 정리했고, 그 고민에 맞는 콘텐츠를 기획했다. 시공 사례도 단순 나열이 아니라 문제 해결 과정 중심으로 재구성했다. 고객이 "이 사람이라면 맡길 수 있겠다."고 느끼는 흐름을 만들었다.

3개월 후 문의는 세 배로 늘었다. 광고비는 오히려 줄었고, 비수기에도 월 1억 원 매출을 유지하기도 했다.

시스템에서는 광고가 선택지다. 이 차이는 생각보다 크다. 의존 모드의 대표는 매달 매출을 걱정한다. 시스템 모드의 대표는 다음 고객 전략을 고민한다. 의존 모드는 오늘을 버티는 구조이고, 시스템 모드는 내일을 준비하는 구조다.

많은 사람들이 광고를 문제 해결책으로 생각한다. 하지만 광고는 확대 장치일 뿐이다. 구조가 약하면 약한 구조를 더 크게 드러내고, 구조가 탄탄하면 탄탄한 구조를 더 빠르게 성장시킨다.

결국 질문은 하나다.

"나는 광고에 의존하는 사업을 하고 있는가,
아니면 광고를 활용하는 사업을 하고 있는가."

잘되는 기업의 광고는 구조가 다르다

지금 머릿속에는 이런 생각이 있을 수 있다.

"대기업같이 큰 기업도 광고비를 엄청나게 쓰잖아. 그럼 그건 뭐야?"

그건 정말 좋은 질문이다. 겉으로 보면 맞는 말이다. 코카콜라, 애플, 나이키 같은 글로벌 브랜드는 매년 수십억 달러를 광고비에 쏟아붓는다. 하지만 그들의 광고는 우리와 완전히 다른 목적을 가진다. 그건 생존이 아니라 확장을 위한 투자다.

코카콜라를 예로 들어보자. 이 브랜드는 연간 광고비로 수십억 달러를 사용하지만 그 금액은 전체 매출의 약 7% 수준에 불과하다. 반면 브랜드 관리, 유통망, 공급망, 고객 경험(CX) 등에는 광고비의 2~3배 이상을 투자한다. 즉, 코카콜라는 광고를 중심에 두지 않는다. 광고는 이미 작동하는 거대한 시스템을 확장하기 위한 하나의 도구일 뿐이다.

우리는 광고를 매출의 시작점으로 보지만, 그들은 광고를 브랜드 경험의 마지막 단계로 본다. 이미 구조가 돌아가고 제품력과 브랜드 신뢰가 유지되는 상태에서 광고는 그 흐름을 넓히는 확성기 역할을 한다.

WARC 보고서에 따르면 코카콜라는 2019년부터 2021년 사이 광고 1달러당 발생하는 총이익을 7% 이상 끌어올렸다. 그건 광고비를 더 썼기 때문이 아니라 광고 효율을 끌어올리는 구조가 있었기 때문이다. 광고가 단발성 비용이 아니라 데이터와 브랜드 경험으로 이어지는 순환 구조였던 것이다.

대기업은 광고를 멈춰도 당장 무너지지 않는다. 왜냐하면 이미 돌아가는 구조가 있기 때문이다. 고객이 브랜드를 알고 있고, 제품에 대한 신뢰가 쌓여 있고, 유통망이 시장 전체를 덮고 있다. 광고를 멈추면 성장 속도는 줄어들겠지만 매출의 뿌리는 남는다.

하지만 작은 기업은 다르다. 광고를 멈추는 순간 그동안 쌓인 매출의 흐름도 함께 사라진다. 이건 기업 규모의 문제가 아니라 구조의 문제다.

그리고 대기업은 광고 이전에 철학을 세운다. 철학이 방향을 만들고 구조가 매출을 만들고 광고는 속도를 높인다. 우리는 종종 대기업의 광고 예산만 보고 결론을 내린다. "저 정도 써야 되는구나." 하지만 그들이 광고에 투자하기 전에 무엇에 투자했는지는 보지 않는다. 제품력, 브랜드 스토리, 고객 경험, 내부 운영 체계, 데이터 시스템 같은 기반이 먼저다.

대기업이 광고를 많이 쓰는 이유는 구조가 있기 때문이다

큰 기업들은 구조가 있어서 광고를 쓰는 것이지 광고를 써서 구조가 생긴 것이 아니다.

또한 그 기업들의 광고는 브랜드의 존재감을 확장하기 위한 행위다. 그들은 광고를 통해 "우리가 여전히 이 시장의 주인이다."를 각인시킨다. 이건 당장 매출을 올리기 위한 목적이 아니라 이미 작동하는 구조를 더 멀리 퍼뜨리기 위한 전략이다.

예를 들어 애플은 매년 수십억 달러의 마케팅비를 쓴다. 하지만 그중 상당 부분은 광고가 아니라 콘텐츠, 커뮤니티, 오프라인 경험에 투자된다. 그들의 광고는 '제품을 팔자.'보다 '철학을 퍼뜨리자.'에 가깝다. 이건 생존을 위한 마케팅이 아니라 세계관을 유지하기 위한 브랜딩이다.

광고에 의존하는 회사는 매달 예산표를 본다. 광고비를 늘릴지 줄일지, 효율이 떨어졌는지, 클릭률이 올랐는지 숫자에만 시선이 고정된다. 그러나 광고를 잘 활용하는 회사는 숫자가 아니라 흐름을 먼저 본다. 고객이 어디에서 유입되고 무엇을 경험하고 있으며 어디서 다시 연결되는지를 본다. 그들의 관심사는 순환 구조다.

구조가 먼저고 광고는 그 다음이다.

시스템 없는 광고는 낭비다

사업에서 광고는 연료다. 하지만 엔진이 없는 상태에서 연료를 붓는 건 가속이 아니라 낭비다. 많은 사람들이 여전히 "광고비만 늘리면 매출이 따라오겠지."라고 생각하지만, 그건 돈을 바닥에 버리는 일이다. 광고는 엔진이 이미 돌아가고 있을 때만 힘을 발휘한다. 문제는 대부분의 사업이 엔진을 세우기도 전에 광고비부터 붓는다는 것이다.

나는 창업 부트캠프에서 김민정 이사를 처음 만났고, 그 사람은 상세페이지에 대한 피드백을 요청하며 내게 연락을 해왔었다. 그 한 통의 메시지가 열끈마케팅의 시작이었고, 그렇게 우리는 식당 전문 마케팅 대행사를 함께 운영하기로 했다. 그 순간이 내가 본격적으로 '7단계 마케팅 시스템'을 실험하기 시작한 첫 시점이었다.

우리는 이때 서로를 거의 몰랐다. 이 사람의 경력도, 재정 상태도, 성향도 알지 못한 채였다. 그런데도 마치 오래전부터 약속이라도 한 것처럼, 바로 동업 계약서를 쓰고 공증을 받고 일을 시작했다. 지금 생각해도 정말 신기한 일이다. 냉정히 말하면 도박이었다.

그때 나는 속으로 이렇게 생각했다.

"무자본이니까 손해볼 게 없다. 망해도 경험이다."

그 마음으로 시작했다.

우리는 마케팅 대행사를 운영하되 절대 영업전화를 하지 않기로 약속했다. 전화를 돌리며 설득하지 않고, 고객이 스스로 찾아오게 만드는 구조를 만들기로 했다. 그게 우리가 정한 첫 번째 원칙이었다. 첫 번째 원칙을 지키기 위해 나는 김이사가 만든 상세페이지를 계속 수정하기 시작했다. 광고 없이 문의를 받기 위해서는 고객의 마음을 움직일 수 있는 상세페이지가 반드시 필요했기 때문이다.

나는 그동안 쌓아온 글쓰기 지식과 디자인 감각을 총동원해 상세페이지를 만들었다. 그리고 그 페이지를 크몽에 처음으로 올렸다. 솔직히 말하면, 올리자마자 문의가 쏟아질 줄 알았다.

하지만 현실은 달랐다. 처음 며칠은 조용했다. 그래도 멈추지 않았다. 하루에도 여러 번 페이지를 고쳤다. 문장이 어색하면 다듬고, 이미지가 답답하면 바꿨다. 그저 예쁘게 보이게 만드는 게 아니라, 신뢰가 느껴지는 구조를 만드는 데 집중했다.

그렇게 며칠이 지나자 첫 문의가 들어왔다. 그 한 통의 메시지는 내가 만든 구조가 작동하기 시작한 첫 신호였다. 나는 그 문의를 놓치지 않았다.

"한 달만 해보세요. 마음에 들지 않으면 100% 환불해 드릴게요."

대부분의 마케팅 대행사는 6개월, 1년 단위로 계약을 요구하지만 우리는 한 달 단위로만 결제를 받았다. 신뢰를 돈보다 먼저 세운 것이다.

처음 함께하게 된 업체는 우리가 진심인 걸 금방 느꼈다. 우리는 성과가 날 수 있도록 데이터를 꼼꼼히 보고, 피드백하며, 세심하게 업체를 관리했다.

그 결과, 관리를 진행한 가게의 매출이 눈에 띄게 오르기 시작했다. 성과가 나오기 시작하자 소통을 많이 할수록 후기가 자동으로 쌓이기 시작했다. 그 소통은 우리에게 단순한 대화 이상의 의미였다. 그 후기들은 다음 고객의 신뢰를 만드는 열쇠가 되었다.

다음 고객이 들어올 때마다 우리는 또다시 후기를 얻기 위해 진심을 다했다. 성과를 만들어야만 그 결과가 또 다른 신뢰로 이어질 수 있기 때문이었다. 그렇게 카톡 후기가 하나둘 쌓이기 시작했다. 신뢰가 깊어진 고객에게는 인터뷰를 요청했다. 최소 3개월, 길게는 6개월 이상 함께한 고객들을 대상으로 했다.

실제 고객의 인터뷰를 촬영해 유튜브에 올렸고, 이렇게 모은 후기들은 어떤 광고보다 강력했다. 단순히 광고에 돈을 쓴 것이 아니라, 신뢰가 신뢰를 부르는 구조가 만들어지고 있었다.

그리고 나는 고객의 신뢰를 더 단단하게 만들기 위해 교육 콘텐츠를 만들기 시작했다. 식당 전문 마케팅 대행사로서 우리가 가진 노하우를 전부담은 전자책을 무료로 배포했다. 정말로 우리가 없어도 혼자서 마케팅을 진행할 수 있을 만큼의 정보를 모두 담았다.

작성할 때 마음속에는 이런 생각이 있었다.

"다른 마케팅 대행사한테 사기당하지 말고 차라리 직접 하세요."

우리는 그만큼 투명한 신뢰를 선택했다. 그런데 아이러니하게도 그 전자책이 더 많은 고객을 불러왔다. 정보를 나눴더니 신뢰가 생겼고, 신뢰가 쌓이자 스스로 대행을 맡기겠다는 고객들이 늘어갔다.

그리고 신뢰는 거기서 멈추지 않았다. 기존 고객이 지인을 소개해주기 시작했고, 한 번 맡긴 고객은 새로운 가게를 열 때마다 이번에도 함께 관리해달라는 연락을 해왔다. 이 과정에서 1개월 단위 계약은 몇 달, 그리고 몇 년으로 자연스럽게 이어졌다. 광고가 아니라 신뢰가 시스템이 되어 돌아가기 시작한 것이다.

놀랍게도 지금까지 이 모든 과정에서 우리가 쓴 광고비는 단 4만 원이었다. 크몽의 루키 광고 한 번이 전부였다. 이후에는 광고를 집행한 적이 없다. 그런데도 10개월 만에 매출이 1억 원을 넘어섰다.

광고가 아니라 시스템이 돈을 벌어준 첫 경험이었다.

그 구조는 지금 돌이켜보면 이렇게 정리된다.

한 줄로 보면 단순하지만, 이 안에는 고객이 스스로 찾아오게 만드는 모든 과정이 들어 있다. 광고비를 쏟아붓는 대신 이 구조 하나를 정교하게 설계한 결과였다.

Nielsen(2022)의 보고서에 따르면, 신뢰도가 높은 브랜드는 그렇지 않은 브랜드보다 광고 ROI가 60% 이상 높다고 한다. 즉, 같은 광고비를 써도 신뢰가 있는 브랜드가 1.6배 더 효율적이라는 뜻이다. 이건 단순한 마케팅 데이터가 아니다. 신뢰가 구조를 만든다는 증거다. 광고는 순간의 유입을 만들지만 신뢰는 유입된 고객을 유지시킨다.

불안할 때 광고비를 늘리고 싶어지는 이유

나는 얼마 전 한 건강식품 업체 대표와 상담을 했다. 가족이 2대째 이어오고 있는 사업이었고, 오랫동안 단골 고객도 꽤 있었다. 제품에 대한 자부심도 분명했다. 그런데 매출이 더 이상 올라가지 않고 정체되어 있다는 게 고민이었다.

상담을 이어가던 중 대표가 이런 말을 꺼냈다.

"제가 뭔가를 하지 않으면 너무 불안해요. 그래서 계속 메타 광고를 돌리면서 이것저것 시도해보고 있어요."

광고 대행사도 이용하고 있었고, 소재도 여러 개 돌리고 있었으며, 타깃도 계속 바꿔가며 테스트를 반복하고 있었다. 겉으로 보면 굉장히 적극적으로 움직이고 있는 상태였다. 하지만 정작 전환은 거의 일어나지 않고 있었다. 광고를 멈춘다고 해서 매출이 크게 흔들릴 구조도 아니었다.

그런데도 광고를 끄지 못하고 있었다. 이유를 묻자 대표는 이렇게 말했다.

"광고라도 하고 있어야 마음이 좀 놓여요. 매출을 위해 당장 도움되는 뭔가를 계속 해야 할 것 같아요."

그 말이 전부였다. 광고가 어느새 불안을 잠재우는 장치가 되어 있었다.

광고 예산으로 감정을 달래는 것이 문제다

매출이 흔들리면 대표는 가장 먼저 스스로를 의심한다.

'내가 뭔가 잘못하고 있는 건 아닐까?'
'이 흐름이 계속되면 어떡하지?'
'점점 뒤처지는 건 아닐까?'

그런 생각이 머릿속을 채운다. 그때 가장 손쉬운 선택이 광고비를 늘리는 일이다. 광고는 즉시 행동이 가능하기 때문이다.

상세페이지를 다시 설계하는 일은 시간이 걸린다. 고객 여정을 처음부터 다시 점검하는 일은 번거롭다. 브랜드 메시지를 다시 생각해 보는 일도 에너지가 많이 든다. 반면 광고 예산을 올리는 건 버튼 몇 번이면 끝난다. 그래서 많은 대표들이 매출이 줄어들 때 구조를 점검하기보다 예산을 조정한다. 전략을 세운다고 생각하지만, 실제로는 감정으로 광고비를 조절하고 있는 경우가 많다.

이 업체도 마찬가지였다. 당장 해야 할 일은 광고가 아니었다. 제품 페이지의 메시지를 다시 정리하고, 기존 고객의 재구매 흐름을 점검하고, 신규 고객의 타깃을 명확히 설정한 뒤 그에 맞는 콘텐츠를 설계하는 일이 먼저였다. 특히 중요한 건 이 사업은 이미 재구매율이 높다는 점이었다. 한 번 구매한 고객이 다시 돌아오는 비율이 업계 평균보다 훨씬 높았다. 문제는 그 강점을 제대로 활용하지 못하고 있다는 것이었다.

이 작업들은 당장 결과가 눈에 보이지 않는다. 하지만 광고는 다르다. 예산을 올리면 트래픽은 곧바로 반응한다. 숫자가 움직이고, 클릭 수가 올라간다. 숫자가 오르면 뭔가 나아지고 있는 것처럼 느껴진다. 문제는 그 숫자가 안심용 지표일 가능성이 높다는 데 있다.

상담 도중 나는 조심스럽게 물었다.

"대표님, 지금 광고를 계속 돌리는 건 매출을 올리기 위해서라기보다, 가만히 있는 게 불안해서 아닐까요?"

잠시 침묵이 흘렀다. 그리고 대표는 이렇게 말했다.

"맞아요. 사실 그러네요."

그 몇 초의 정적이 핵심이었다. 광고를 멈추는 게 두려운 게 아니라, 아무것도 하지 않는 자신을 마주하는 게 두려웠던 것이다.

그래서 우리는 방향을 다시 세우기 시작했다. 우선 기존 고객 데이터를 하나씩 점검하고, 그동안 쌓여 있던 후기를 최대한 모아야 한다고 이야기했다. 그리고 재구매 고객들의 연령대와 성별, 구매 주기를 정리하고, 왜 다시 사는지 그 이유를 찾으려 했다. 그 과정에서 이 브랜드를 다시 찾는 사람들의 공통된 고민과 기대가 보이기 시작했다.

그 다음은 신규 고객을 다시 정의하는 작업이었다. 무작정 타깃을 넓히는 대신, 이미 반응했던 고객과 닮은 사람은 누구인지 생각해봤다. 그들이 지금 겪고 있는 문제는 무엇인지, 어떤 상황에서 검색을 시작하는지, 무엇을 보고 신뢰를 느끼는지를 하나씩 짚어갔다.

그리고 그 문제를 정확히 건드릴 수 있는 콘텐츠를 설계했다. 유입을 만들 콘텐츠와 전환을 만들어낼 콘텐츠의 역할을 구분했고, 어떤 메시지를 앞에 두고 어떤 메시지를 뒤에 배치할지까지 흐름을 다시 짰다. 광고 예산을 늘리는 대신, 고객의 생각 흐름을 정리하는 데 시간을 쓴 셈이었다.

상담이 끝난 후 며칠 뒤 카페에 후기 하나가 올라왔다. 광고를 더 해야 한다고만 생각했는데 방향이 전혀 달랐다는 내용이었다. 그 글을 보며 나는 다시 한번 확신했다.

위기 때 광고비를 늘리고 싶어지는 건 자연스러운 감정이다. 하지만 그 감정이 전략이 되는 순간, 회사는 숫자에 매달리기 시작한다.

광고를 늘릴지 고민되는 순간, 이렇게 물어보는 게 좋다.

지금 나는 매출을 키우려는가, 아니면 불안을 줄이려는가.

이 질문에 솔직해지는 것부터가 진짜 점검의 시작이다.

광고는 순서를 지킬 때
무기가 된다

여기까지 읽은 사람이라면 이런 생각이 들 수 있다.

"그래서 광고를 하지 말라는 건가요?"

아니다. 광고는 필요하다. 다만 광고가 힘을 가지는 시점이 따로 있다는 걸 말하고 싶은 것이다. 광고는 문제를 해결하는 도구가 아니라, 이미 정리된 흐름을 확장하는 도구다. 순서가 바뀌면 같은 광고라도 결과는 완전히 달라진다.

많은 사람들이 광고를 매출의 시작점으로 생각한다. 매출이 오르지 않으면 광고를 고민하고, 성장 속도가 느려지면 예산을 늘릴 생각부터 한다. 하지만 광고는 시작점이 아니다. 광고는 확인 단계 이후에 들어가야 한다. 최소한 세 가지가 준비되어 있을 때 광고는 의미를 가진다.

첫째, 타깃이 명확해야 한다. 누구에게 팔고 있는지 선명하지 않은 상태에서 광고를 늘리는 건, 눈을 가린 채 확성기를 들고 외치는 것과 같다. 소리는 멀리 퍼질 수 있지만, 정작 듣고 반응할 사람은 모호하다. 많은 기업이 "우리 제품은 누구에게나 좋다"고 말하지만, 그 말은 곧 아무에게도 강하게 다가가지 못한다는 뜻이 되기도 한다.

둘째, 전환 흐름이 명확해야 한다. 고객이 유입된 뒤 무엇을 보고, 어떤 순서로 신뢰를 쌓고, 어디에서 결정을 내리는지 정리되어 있어야 한다. 이 흐름이 없으면 광고는 방문자 수만 늘릴 뿐이다. 숫자는 올라가지만, 매출은 기대만큼 반응하지 않는다. 반면 전환 구조가 안정되어 있다면 광고는 정확히 계산 가능한 투자로 바뀐다. 유입이 늘어나면 어느 정도 전환이 발생할지 예측할 수 있기 때문이다.

셋째, 고객 한 명이 만들어내는 장기 가치가 계산되어 있어야 한다. 한번 구매하고 끝나는 고객인지, 반복 구매를 하는 고객인지, 추가 상품을 구매하는지, 추천을 만들어내는지에 따라 광고의 의미는 달라진다. 고객의 생애 가치(LTV)를 모르는 상태에서 광고를 늘리는 건 감에 의존하는 투자다. 반대로 이 수치가 계산되어 있다면 광고는 확장 전략이 된다.

이 세 가지가 준비되지 않은 상태에서 광고를 쓰면 의존이 된다. 준비된 상태에서 쓰면 레버리지가 된다.

버틸 수 있는 구조를 먼저 만들어야 한다

스타벅스를 한번 떠올려보자. 스타벅스는 TV 광고로 고객을 설득하지 않는다. 대신 고객을 묶어두는 구조를 먼저 만든다.

앱을 설치하면 리워드가 쌓이고, 쿠폰이 도착하며, 구매 이력이 기록된다. 특정 횟수를 채우면 무료 음료가 제공되고, 시즌 한정 메뉴가 알림으로 전달된다. 매장에 들어가면 늘 비슷한 향과 음악이 맞이한다. 경험의 일관성이 유지된다. 이건 우연이 아니다. 구매를 습관으로 만드는 설계다.

스타벅스도 광고를 한다. 하지만 광고만으로 고객을 만드는 건 아니다. 이미 앱과 리워드, 경험으로 묶여 있는 고객이 있기 때문에 광고는 그저 한 번 더 오게 만드는 역할일 뿐이다. 이 구조 없이 광고만 했다면 지금처럼 반복해서 오게 만들지는 못했을 것이다.

광고를 활용하는 기업과 광고에 기대는 기업의 차이는 여기에 있다. 광고를 쓰기 전에 이미 매출이 일정 부분 돌아가고 있는가. 고객이 스스로 다시 찾는 이유가 존재하는가. 콘텐츠가 신뢰를 만들고 있는가.

이 질문에 "그렇다."고 답할 수 있을 때 광고는 의미를 가진다.

앞서 이야기한 식당 마케팅 사례도 같은 맥락이다. 우리는 광고로 유입을 만들지 않았다. 대신 후기, 인터뷰, 교육 자료를 통해 신뢰의 흐름을 먼저 만들었다. 고객이 스스로 찾아오는 구조가 생겼고, 재계약과 소개가 이어졌다.

광고는 언제 켜고, 언제 줄이고, 언제 테스트할지 전략적으로 선택할 수 있어야 한다.

오늘의 클릭은 숫자로 남지만, 내일의 신뢰는 매출로 남는다. 기반이 없이 광고를 쓰면 매달 긴장해야 하지만, 준비된 상태에서 광고를 쓰면 실험이 가능해진다. 실패해도 치명적이지 않고, 성공하면 확장이 된다.

광고는 필요하다. 다만 그 필요 시점은 준비가 된 이후다. 그리고 그 기반을 어떻게 만드는지에 대해서는 뒤에서 구체적으로 이야기하려 한다.

내 사업이 멈춰 있는 진짜 이유

PART 1을 넘어가기 전에,

"이거 내 이야기 아닌가?"

라는 생각이 들었다면, 그냥 넘기면 안 된다.

열심히 해서 안 된 게 아니다.
방향이 잘못되어 있었던 것이다.

불안한 게 잘못이 아니다.
그 불안을 전략이라고 착각하는 순간이 문제다.

지금 상태를 아래 체크리스트를 통해 확인해 보자.

사업이 막히는 원인 점검

☐ 나는 지금 바쁜 이유가 방향이 아니라 불안 때문인 경우가 많다.

☐ 나는 하고 싶은 일보다 돈이 될 것 같은 일만 우선 선택해왔다.

☐ 광고를 끄면 내 매출은 유지되지 못하고 함께 무너진다.

☐ 나는 광고비를 늘릴 때, 전략보다 막연한 불안감에 따라 결정하는 경우가 많다.

☐ 내 고객이 나를 선택해야 하는 이유를 한 문장으로 설명하기 어렵다.

☐ 내가 멈추면 매출도 함께 멈추는 구조를 가지고 있다.

만약 세 개 이상 해당된다면,

지금 당신의 사업은 구조부터 다시 설계해야 할 때다.

이 상태를 바꾸지 않으면 지금과 같은 문제가 계속 반복된다.

그 구조를 어떻게 바꿔야 하는지,

PART 2에서 하나씩 알아보자.

PART 2

마케팅을 바라보는 관점의 전환

시스템이라는 말이 거창하게 느껴질 수 있다.
하지만 결국 시스템은 단순한 것이다.

고객이 나를 발견하고 신뢰하고, 선택하고, 다시 돌아오는 흐름.

이 흐름이 설계되어 있으면 시스템이고,
설계되어 있지 않으면 매번 처음부터 다시 시작하는 것이다.

돌아보면 매출을 바꾼 건 더 많은 노력이 아니라,
흐름을 연결한 구조였다.

PART 2는 그 기반을 어떻게 만드는지에서 시작한다.

CHAPTER 3

시스템이 없는 사업은
결국 멈춘다

우리는 거의 모든 영역에 규칙을 만들면서도,
유독 마케팅만은 감에 맡기는 경우가 많다.

시스템이란 무엇이고,
왜 그것이 없으면 사업이 멈추는지를 먼저 짚어보자.

우리는 이미 시스템 안에서
일하고 있다

CHAPTER 2에서 우리는 광고를 끊는 순간 매출이 멈춰버리는 구조에 대해 이야기했다. 그건 광고가 나빠서가 아니라, 광고 외에는 매출을 만들어내는 장치가 없었기 때문이다. 그렇다면 이제 질문은 하나다. 시스템이란 무엇이고, 왜 사업에서 반드시 필요할까.

우리는 이미 시스템 속에서 살고 있다. 아침에 울리는 알람, 매달 자동으로 빠져나가는 공과금, 약속 시간을 알려주는 캘린더 알림, 정해진 시간에 도착하는 지하철. 나는 아무것도 하지 않아도 돌아간다. 한 번 설계된 구조가 나 대신 반복해서 움직인다. 이것이 시스템이다.

시스템은 편리함을 주기 위해 존재하는 것처럼 보이지만, 사실은 그보다 더 중요한 역할을 한다. 예측 가능성을 만든다. 내일도 같은 시간에 지하철이 온다는 확신, 월급날이 되면 정확히 돈이 들어온다는 안정감. 우리는 그 예측 가능성 덕분에 불안하지 않다.

만약 자동이체가 없다면 어떨까. 매달 납부일을 기억해야 하고, 잊어버릴까 봐 신경을 곤두세워야 한다. 일정 관리 시스템이 없다면 모든 약속을 머릿속에 저장해야 한다. 아무리 성실한 사람이라도 지친다. 시스템은 게으름을 위한 장치가 아니다. 에너지를 아끼기 위한 구조다. 그리고 무엇보다, 심리적 안정감을 위한 장치다.

사업도 마찬가지다. 매출이 매달 들쭉날쭉하고, 유입이 언제 끊길지 모른다면 대표는 늘 긴장 상태에 놓인다. 오늘은 괜찮지만 다음 달은 모른다. 이 불확실성이 대표를 지치게 만든다. 그래서 시스템이 필요하다. 매출이 자동으로 들어오게 하자는 뜻이 아니다. 적어도 매출이 만들어지는 흐름이 반복 가능해야 한다는 뜻이다.

시스템의 본질은 반복 가능성이다.

하지만 이상한 건, 우리는 거의 모든 영역에 시스템을 만들면서도 마케팅만큼은 예외로 둔다는 점이다. 회사에는 운영 매뉴얼이 있다. 직원 출퇴근 시간은 정해져 있고, 보고 체계가 있으며, 회계는 매달 마감한다. 재고는 수량을 체크하고, 발주는 기준에 따라 이뤄진다. 돈과 사람이 움직이는 모든 곳에는 규칙이 있다.

그런데 마케팅만큼은 다르다. 대부분 이렇게 시작한다.

"이번 달 매출이 좀 떨어졌네."
"요즘은 인스타가 잘 된다던데."
"영상이 대세라니까 우리도 해볼까."

겉으로는 전략처럼 보이지만, 실상은 단순한 반응에 가깝다. 누군가 잘됐다는 이야기를 들으면 방향을 바꾸고, 유행이 바뀌면 채널을 옮긴다. 이건 계획이라고 보기 어렵다.

나는 현장에서 이런 장면을 수없이 봤다. 사업을 10년, 20년 운영해 온 대표는 매장 운영, 직원 관리, 원가 계산, 고객 응대까지 누구보다 능숙하다. 그런데 마케팅 이야기가 나오면 표정이 달라진다.

"그건 잘 모르겠어요. 그냥 대행사에서 해주니까요."

이 말은 무능해서 나오는 게 아니다. 마케팅을 특별한 기술처럼 받아들여서다.

최근 한 대표와 깊은 대화를 나눴다. 18년 동안 사업을 하며 임대료로만 100억 원 이상을 지불해온 사람이었다. 사업 구조에 대한 이해는 놀라울 정도였다. 직원 배치, 매장 동선, 고객 응대 매뉴얼까지 모두 체계적으로 정리되어 있었다. 그런데 마케팅 이야기가 나오자 이렇게 말했다.

"매달 비용은 나가고 있는데, 솔직히 효과가 어느 정도인지 잘 모르겠어요."

그 말을 듣고 나는 깨달았다.
사업을 오래한 사람조차, 마케팅은 별개의 세계로 느끼는구나.

그래서 대부분 마케팅을 대행사에 맡긴다. 그런데 대행사는 시스템을 만들어주기보다 매체를 운영해준다. 오늘은 검색 광고, 내일은 SNS 광고,

다음 달엔 또 다른 플랫폼. 숫자는 남지만, 자산은 남지 않는다. 매체는 수단이고 시스템은 구조다. 이 둘을 구분하지 못하면 매체를 바꿀 때마다 다시 처음으로 돌아간다.

하지만 마케팅 시스템이 있는 사업은 유행을 쫓지 않는다. 유행을 활용한다. 플랫폼이 바뀌어도 본질은 변하지 않는다. 고객이 어디에 있는지만 달라질 뿐, 그 고객을 설득하는 구조는 그대로 유지된다. 그래서 채널은 바뀌어도 메시지는 흔들리지 않는다.

반대로 시스템이 없는 사업은 매달 방향이 바뀐다. 이번 달엔 블로그, 다음 달엔 인스타그램, 그다음 달엔 쇼츠. 시도는 많지만 누적이 없다. 하나가 끝나면 또 다른 것을 시작한다. 그렇게 몇 번 반복하다 보면 대표는 이렇게 말한다.

"마케팅은 원래 어려운가 봐요."

사람이 아니라
구조가 회사를 굴린다

사업은 대부분 한 사람의 손에서 시작된다. 대표가 영업을 하고, 상담을 받고, 견적을 내고, 실행까지 직접 한다. 고객이 늘어날수록 통장은 조금씩 두꺼워지지만, 대표의 하루는 점점 얇아진다. 모든 일이 나를 거쳐야 굴러가는 구조에서는 매출이 늘어날수록 오히려 숨이 막힌다.

그러다 어느 순간 한계가 온다.

"이제 혼자서는 안 되겠다."

그때 대표는 사람을 찾는다. 디자이너를 뽑고, 영업을 채용하고, 실무자를 둔다. 많은 이들이 이 지점을 성장이라고 생각한다. 하지만 사람을 뽑는 것만으로는 회사가 성장했다고 말하기 어렵다. 진짜 전환점은 사람을 고용하는 순간이 아니라, 그 사람이 같은 결과를 반복해서 만들어낼 수 있도록 설계하는 순간이다.

처음 직원이 들어오면 대표는 안심한다. 이제 일을 나눌 수 있으니까.

그런데 곧 다른 문제가 생긴다.

"그건 왜 그렇게 했죠?"
"이건 제가 생각한 방향이랑 다른데요."

대표는 다시 개입한다. 수정하고, 설명하고, 다시 고친다. 직원은 열심히 일했지만 결과는 대표의 기대와 어긋난다. 결국 대표는 다시 실무로 내려간다. 사람은 늘었는데 일은 줄지 않는 이유가 여기 있다. 구조 없이 사람만 늘렸기 때문이다.

일이 줄지 않는다면 문제는 인력이 아니라 구조다

시스템이 사람을 대신한다는 건, 사람이 없어도 돌아간다는 뜻이 아니다. 사람이 바뀌어도 흐름이 유지된다는 뜻이다. 누가 고객 문의를 받든 응대의 기준이 정리되어 있고, 누가 콘텐츠를 작성하든 메시지의 방향이 명확하며, 누가 광고를 관리하든 지표를 해석하는 기준이 같아야 한다. 그래야 회사는 개인의 감각이 아니라 구조의 힘으로 움직인다.

1인 기업일 때는 모든 게 본인 일이다. 매출이 발생하면 직접 엑셀에 입력하고, 문의가 오면 직접 답하고, 계약이 성사되면 실행까지 뛰어든다. 이 구조는 속도는 빠르지만 확장은 어렵다. 내가 멈추면 사업도 멈춘다. 또한 고객이 늘고 업무가 복잡해지면 혼자 처리하는 방식은 한계에 부딪힌다. 이때 필요한 건 더 많은 사람이 아니라, 반복되는 업무를 정의하고 정리하는 일이다.

예를 들어보자. 고객 상담이 매번 다르게 진행된다면 그건 상담자의 역량에 의존하는 구조다. 반대로 상담 흐름이 정리되어 있고, 질문 순서와 안내 기준이 정해져 있다면 결과의 편차는 줄어든다. 콘텐츠도 마찬가지다. 오늘은 대표의 기분에 따라 작성하고, 내일은 직원의 감각에 맡긴다면 브랜드는 일관성을 잃는다.

많은 사람들이 "결국은 사람이 중요하다."고 말한다. 맞는 말이다. 그러나 사람의 역량을 온전히 쓰기 위해서라도 시스템은 필요하다. 매번 같은 보고서를 처음부터 작성하게 하는 건 낭비다. 데이터를 자동으로 정리하고, 업무 흐름이 공유되어 있다면 직원은 판단과 개선에 더 많은 에너지를 쓸 수 있다. 대표 역시 매일 숫자에 매달리기보다 방향을 결정하는 일에 집중할 수 있다.

시스템이 없는 조직에서는 대표가 항상 최종 관리자이자 최종 실무자가 된다. 매출을 확인하고, 유입을 점검하고, 일정과 세금을 챙기고, 광고 결과까지 직접 봐야 한다. 그 순간 대표는 경영자가 아니라 가장 숙련된 직원이 된다. 회사는 굴러가지만, 성장하지는 않는다.

반대로 시스템이 정리된 조직은 대표가 잠시 자리를 비워도 흐름이 끊기지 않는다. 결제는 자동으로 처리되고, 문의는 정해진 프로세스를 따라 응대되며, 보고는 일정에 맞춰 올라온다. 대표의 역할은 세부 실행이 아니라 방향 설정으로 이동한다. 무엇을 할지보다 무엇을 하지 않을지를 결정하는 사람이 된다. 이 차이가 쌓이면 회사의 체력이 달라진다.

PwC의 2023년 보고서에 따르면 운영, 세일즈, 마케팅 프로세스를 통합

적으로 관리하는 기업은 그렇지 않은 기업보다 평균 31% 더 빠르게 성장했다고 한다. 직원 만족도 역시 크게 높았다. 이유는 단순하다. 일이 사람을 압박하지 않고, 구조 안에서 정리되기 때문이다. 누가 무엇을 해야 하는지가 명확할수록 불필요한 충돌은 줄어든다.

사람은 아프고, 흔들리고, 때로는 떠난다. 하지만 구조는 남는다. 시스템은 사람을 배제하는 게 아니라, 사람의 부담을 줄인다. 대표가 모든 결정을 붙잡고 있을 필요가 없게 만들고, 직원이 매번 새로 시작하지 않아도 되게 한다.

사업이 커질수록 대표의 능력이 아니라 구조의 정교함이 성장을 결정한다. 처음에는 사람의 열정으로 버틸 수 있다. 하지만 오래가려면 반복 가능한 흐름이 필요하다. 시스템이 사람을 대신한다는 말은 결국 사업이 한 사람의 체력에 의존하지 않게 만든다는 뜻이다.

사람이 회사를 움직이는 것처럼 보이지만, 오래가는 회사는 구조가 사람을 지탱한다. 시스템이 작동하기 시작하는 순간, 대표는 비로소 '일을 하는 사람'에서 '흐름을 설계하는 사람'으로 바뀐다. 그때부터 사업은 멈추지 않는다.

돈이 새는 구조, 돈이 도는 구조

우리는 모두 돈을 벌기 위해 일한다. 직장을 다니든, 사업을 하든, 각자의 방식으로 수입을 만든다. 그런데 이상하게도 돈을 많이 버는 것과 돈이 많이 남는 것은 다르다. 어떤 사람은 매출이 커도 늘 불안하고, 어떤 사람은 매출이 일정하지 않아도 안정적이다. 차이는 금액이 아니라 흐름이다. 돈이 어떻게 들어오고, 어떻게 머물고, 어떻게 다시 움직이는지가 본질이다.

많은 사람은 돈을 "버는 것"에만 집중한다. 하지만 돈은 버는 순간 끝나는 게 아니다. 그 이후의 설계가 더 중요하다. 돈이 들어왔다가 곧바로 흩어져버리는 구조라면 아무리 매출이 커도 남는 게 없다. 반대로 들어온 돈이 다시 다음 수익으로 이어지도록 설계되어 있다면, 같은 매출이라도 결과는 완전히 달라진다.

돈의 차이는 금액이 아니라 흐름에서 결정된다

세계적인 기업들은 이 점을 정확히 이해하고 있다. 그들에게 매출은 단발성 이벤트가 아니라 순환 구조의 출발점이다.

애플을 보자. 아이폰을 한 번 판매하면 그 거래로 끝나는 것이 아니다. 아이폰을 구매한 고객은 자연스럽게 iCloud, Apple Music, App Store, AppleCare 같은 서비스로 연결된다. 하드웨어 판매가 서비스 구독으로 이어지고, 그 구독은 다시 데이터와 생태계 확장으로 이어진다. 애플의 수익 구조는 '제품 판매 → 서비스 구독 → 데이터 축적 → 재투자'의 순환 고리로 돌아간다. 그래서 신제품이 없는 달에도 현금 흐름은 유지된다. 돈이 한 번 들어오고 끝나는 게 아니라, 구조 안에서 반복된다.

스타벅스 역시 비슷하다. 우리는 커피를 사러 간다고 생각하지만, 스타벅스는 소비 습관을 설계한다. 앱으로 선불 충전을 하게 만들고, 리워드로 재방문을 유도한다. 고객의 돈은 커피를 마시기 전에 이미 스타벅스 시스템 안으로 들어온다. 선불 충전금은 기업 입장에서 안정적인 운용 자금이 된다. 매출이 발생하기 전에 현금이 먼저 확보되는 구조다. 커피 한 잔의 이익이 아니라, 습관과 흐름이 이익을 만든다.

백화점은 또 다른 방식이다. 겉으로 보면 판매 수수료로 돈을 버는 것 같지만, 본질은 공간의 가치 상승에 있다. 좋은 입지에 건물을 세우고 브랜드를 모으면 유동 인구가 모이고 상권이 형성된다. 시간이 지날수록 건물의 가치와 임대료는 상승한다. 상품 판매는 하루 단위지만, 자산 가치는 연 단위로 커진다. 이건 단기 매출이 아니라 구조적 수익이다.

이 기업들의 공통점은 하나다. 돈이 한 번만 들어오지 않는다. 돈이 다음 돈을 부르는 흐름으로 설계되어 있다. 그 구조 안에서는 매출이 이벤트가 아니라 과정이 된다.

이 이야기는 대기업만의 이야기가 아니다. 개인에게도 그대로 적용된다. 많은 사람이 카드값이 빠져나갈 때 비로소 돈의 흐름을 인식한다.

"이번 달 왜 이렇게 많이 나왔지?"
"오늘 세금 자동이체였지."

돈은 늘 예고 없이 사라지는 것처럼 느껴진다. 하지만 곰곰이 생각해보면 문제는 금액이 아니라 예측 불가능성이다. 언제 얼마나 나갈지 모르는 상태가 사람을 불안하게 만든다.

나 역시 사업 초기에는 수입이 일정하지 않았다. 어떤 달은 매출이 높았고, 어떤 달은 거의 없었다. 통장 잔고에 따라 감정이 흔들렸다. 그래서 나는 매출을 늘리는 것보다 먼저 흐름을 고정하는 방식을 선택했다.

사업 소득을 마치 월급처럼 설정했다. 매달 일정 금액만을 '내 월급'으로 정하고, 그 이상은 모두 유보금으로 돌렸다. 매출이 적은 달에는 유보금에서 보충했고, 많은 달에는 유보금을 다시 채웠다. 이 단순한 구조 덕분에 소득의 변동성이 줄어들었다. 매출은 들쭉날쭉해도 생활비는 일정해졌다.

그다음은 분배였다. 월급으로 정한 금액은 자동이체로 나뉘었다. 단기 자금은 예금과 ETF로, 중장기 자금은 연금과 주식으로 배분했다. 매달 1일이 되면 모든 돈이 정해진 비율로 움직였다. 통장에는 한 달 동안 사용할 생활비만 남았다. 그 범위 안에서 쓰면 됐다. 이 구조가 생기자 불안이 줄었다. 매달 새로운 결정을 하지 않아도 됐다. '이 돈을 어디에 둘까.', '이 달은 얼마나 투자할까.' 같은 반복적인 고민이 사라졌다. 시스템이 대신 결정해주기 시작했다.

하버드 경영대학원 연구에 따르면 사람은 하루 평균 수만 번의 결정을 내린다고 한다. 그중 대부분은 사소하지만 에너지를 소모하는 선택이다. 자동이체와 분배 구조는 그 선택을 줄여준다. 시스템은 단순히 자동화가 아니다. 반복 결정을 줄이고, 중요한 판단에 집중하게 만드는 장치다.

사업도 똑같다. 매출이 들어올 때마다 "이번 달은 어떻게 쓰지?"를 고민하는 구조에서는 돈이 쌓이기 어렵다. 반대로 돈의 역할이 정해져 있다면, 매출은 자연스럽게 축적된다. 유입을 위한 비용, 운영비, 재투자 비용, 유보금이 미리 정해져 있다면 매출은 감정이 아니라 규칙에 따라 움직인다.

시스템이 없는 돈은 소비가 되고, 시스템이 있는 돈은 자산이 된다.

결국 돈도 시스템으로 움직인다. 시스템이 없는 돈은 들어왔다가 흩어진다. 시스템이 있는 돈은 다음 흐름을 만든다.

이 원리는 마케팅과도 같다. 광고로 들어온 유입이 한 번의 매출로 끝나면 그건 소모다. 하지만 그 유입이 재구매와 추천, 구독으로 이어지면 그건 순환이다. 돈의 구조를 설계하지 않으면 매출은 숫자로만 남는다. 구조를 설계하면 매출은 자산이 된다.

돈이 스스로 일하게 만드는 것. 그게 시스템의 힘이다.

마케팅을 감에 의존하는 세 가지 이유

　우리는 대부분의 일을 규칙에 따라 처리한다. 급여일은 정해져 있고, 세금은 자동으로 빠져나가며, 재고는 기준 수량 아래로 내려가면 발주를 넣는다. 반복되는 영역일수록 사람은 규칙을 만든다. 그래야 에너지를 덜 쓰기 때문이다.

　그런데 마케팅만큼은 다르다. 마케팅은 여전히 느낌의 영역으로 남아 있다. 왜 그럴까.

　첫 번째 이유는 즉각성이다. 마케팅은 반응이 빠르다. 광고를 집행하면 몇 시간 안에 숫자가 움직인다. 클릭 수가 오르고, 조회수가 찍히고, 노출 그래프가 올라간다. 사람은 눈앞에서 변하는 수치에 쉽게 반응한다. 뭔가 작동하고 있다는 감각이 든다.

　반면 구조는 즉각적인 보상을 주지 않는다. 고객 여정을 설계하고, 메시지를 정리하고, 콘텐츠의 방향을 재정비해도 당장 그래프는 움직이지 않는다. 기다림이 필요하다. 그래서 사람은 기다리지 못하고, 대신 숫자를 택한다.

두 번째 이유는 책임의 문제다. 마케팅은 실패했을 때 원인을 명확히 짚기 어렵다. 생산 공정이 멈추면 고장 난 기계를 찾으면 된다. 재무가 틀리면 숫자를 맞추면 된다.

하지만 마케팅은 다르다. 경쟁사의 움직임, 시장 분위기, 플랫폼 알고리즘, 계절성 등까지 변수가 많다. 그러니 사람은 이렇게 말한다.

"원래 마케팅은 운이 좀 따라야 하죠."

정답이 불명확한 영역에서는 감이 기준이 된다.

"요즘 다들 이걸 한다더라."
"저 회사는 저걸로 잘 됐다더라."

이 말이 설득력을 가지는 이유는 불확실성을 대신해 주기 때문이다. 구조를 설계하는 것보다, 이미 누군가 해본 방법을 따라 하는 게 심리적으로 편하다.

세 번째 이유는 속도의 착각이다. 실행이 빠르면 전략도 빠르다고 느낀다. 새로운 채널을 시도하고, 새로운 콘텐츠를 만들고, 예산을 조정한다. 대표는 움직이고 있고, 팀은 바쁘다. 하지만 바쁨이 방향을 보장하지는 않는다. 매체를 바꾸는 건 쉽지만, 고객 인식을 바꾸는 건 어렵다.

그래서 많은 사업이 이런 과정을 반복한다.

이건 실패라기보다 데이터가 보이지 않는 노동이다.

마케팅이 감의 영역으로 남는 또 하나의 이유는 고객이 왜 구매했는지,
왜 이탈했는지, 왜 다시 돌아오지 않는지 그 과정은 눈에 보이지 않기 때
문이다. 그래서 회사는 측정 가능한 지표만 붙잡는다. 노출, 클릭, ROAS.
수치가 나오면 안심한다. 그러나 수치는 결과일 뿐 과정이 아니다.

과정을 보지 않으면 기준이 생기지 않는다

기준이 없으면 판단은 매번 달라진다. 어떤 달은 공격적으로, 어떤 달은
보수적으로 진행한다. 매출이 오르면 자신감이 생기고, 떨어지면 방향을
바꾼다. 이 변화는 전략의 수정이 아니라 감정의 반응일 때가 많다.

결국 감 중심 마케팅은 불안에서 시작된다. 확실하지 않기 때문에 빨리
움직이고, 빨리 움직였기 때문에 또 방향을 바꾼다. 속도는 있지만 축적은
없다.

반대로 기준이 생기면 질문이 달라진다.

"어디에 광고를 낼까?"가 아니라
"우리 고객은 어디에서 멈추고 있는가?"를 묻게 된다.

이 차이는 작아 보이지만 크다.

마케팅이 감의 영역으로 남아 있는 한 대표는 매달 판단을 새로 해야 한다. 매번 처음처럼 고민하고, 매번 다시 선택한다. 그러나 기준이 생기는 순간 판단은 단순해진다. 모든 결정은 흐름 안에서 이뤄진다.

마케팅이 어려운 이유는 기술이 부족해서가 아니라, 기준이 없기 때문이다.

내 사업을 흔들리지 않게 만드는 기준은 무엇인가. 유행이 바뀌어도, 매체가 달라져도 변하지 않는 기준은 어디에서 시작되는가.

이제부터 그 기준을 하나씩 짚어보려 한다.

CHAPTER 4

사업 구조를 만들기 전에
점검할 것

7년간 수백 명의 대표를 만나며 들은 고민은 제각각이었지만,
끝까지 들어보면 도착하는 곳은 늘 같았다.

시스템을 세우기 전에,
우리는 먼저 마주해야 할 질문들이 있다.

문제의 답은
매출에 있다

"혹시 어떤 문제 때문에 저를 찾게 되었을까요?"

나는 이 질문으로 수많은 대표와 상담을 시작하곤 한다. 사업은 누구나 잘하고 싶어 한다. "그냥 적당히 하다가 망해야지."라고 생각하고 있는 사람은 단 한 명도 만나본 적이 없다.

그런데 사업을 잘한다는 게 정확히 뭘 의미할까? 직원이 많아지는 걸까, 매출이 늘어나는 걸까, 혹은 브랜드가 알려지는 걸까? 사업을 하다 보면 그 모든 게 동시에 엉켜 있다.

나는 지금까지 마케터로서 7년 넘게 현장에서 수백 명의 사업가와 상담을 해왔다. 그분들의 고민을 들으면 단순히 "마케팅을 어떻게 하면 좋을까요?"라는 질문으로 시작되지만, 조금만 깊게 들어가면 고민의 본질은 전혀 다른 곳에 있을 때도 있다.

실제로 상담을 진행하다 보면 대표들의 진짜 사업 고민을 들을 수 있다.

"매출이 너무 떨어졌어요."
"직원이 말을 안 들어요."
"광고비를 써도 성과가 없어요."
"요즘 너무 지치고 힘들어요."
"사업이 저를 갉아먹는 기분이에요."

상담을 하면 할수록 이건 단순히 마케팅 상담이 아니었다. 그 사람들은 사실 사업 자체의 방향성을 잃고 있었다.

많은 사람이 공통적으로 호소하는 고민들을 쭉 나열해보니, 놀랍게도 대부분 이 일곱 가지 안에서 반복되고 있었다. 실제로 스레드에도 똑같은 글을 올려봤는데, 90% 이상이 비슷한 고민과 문제를 가지고 있었다.

매출 저조
직원 문제(조직, 소통, 채용 등)
마케팅 문제
재정 문제(대출, 자금난 등)
정신적 소진(지침, 외로움)
업무 과부하
확장과 서비스 강화의 한계

위 일곱 가지는 사업가라면 누구나 해결해 나가야 하는 필수적인 부분이다. 나 역시 이러한 문제를 겪고 해결책을 찾으면서 사업을 운영하고 있다.

하지만 나는 이 고민들의 해결책을 단순하게 정리했다.

모든 문제는 매출이 안정되면 대부분 해결된다

예를 들어 직원 문제 같은 경우 매출이 오르면 해결의 여지가 생긴다. 돈이 생기면 유능한 인재를 채용할 수 있고, 그들은 당신의 시간을 대신 써준다. 실제로 넷플릭스의 창업가 헤이스팅스는 인재만을 채용한다는 회사 규정으로 높은 연봉을 책정하여 직원을 채용한다. 우리 회사의 비전에 동의한 인재들이 뭉친 회사는 단단하게 성장할 수밖에 없다.

마케팅과 재정 문제도 마찬가지다. 돈이 있으면 전문가를 고용하거나, 실력 있는 회사에 전체적인 마케팅을 맡길 수 있고, 재정 문제 역시 완화된다. 사업을 하면서 외롭고 지치는 이유도 보통 시간과 여유가 부족하기 때문이다. 내가 1인 사업가 모임을 운영했을 때도 정말 약속이라도 한 듯 비슷한 문제들을 가지고 왔다. 서울에서 모임을 진행했는데 대구에서도 올 정도로 사업자들은 홀로 외로운 싸움을 하고 있다.

만약 매출이 안정되면 인재를 고용할 수 있고, 내가 직접 커뮤니티를 만들거나 참여하면서 같은 길을 가는 사업가들과 어깨를 나란히 하며 웃을 수 있다.

결국 모든 길은 안정적인 매출로 모인다.

그래서 우리는 안정적인 매출이 필요하다. 무조건 높은 단기 매출이 아니라, 지속 가능한 매출이 우리를 살린다.

사업의 매출 공식은 사실 단순하다.

매출 = 상품의 가격 × 고객 수

내가 판매하는 상품을 많은 고객이 구매하면 매출이 올라간다. 그런데 여기서 한 가지 중요한 전제가 있다. 그냥 아무 고객이나 받는다고 안정적인 매출이 발생하지는 않는다. 나는 이것을 '꿈의 고객'이라는 개념으로 정리했다. 그저 돈을 주고 상품을 구매하는 사람이 아니라, 내 사업의 방향성과 가치를 이해하는 고객이다.

예를 들어 나는 지금 마케팅 회사를 운영하고 있다. 나에게 꿈의 고객은 우리가 제공하는 마케팅 서비스의 방향성에 동의하는 사람들이다. 나는 마케팅은 본질적인 부분이 가장 중요하다고 생각해서 기획부터 한 단계씩 차근차근 쌓아가는 방식을 택하고 있다.

하지만 일부 사람들은 이렇게 말한다.

"그냥 비용만 지불할 테니까 불법 트래픽 넣어서 상위 노출 시켜주세요.", "네이버 광고 순위만 안 떨어지게 계속 지켜봐 주세요."

물론 그 방법이 단기 성과를 만들 수는 있다. 하지만 나는 그런 생각을 가진 사람들의 마케팅 대행은 하지 않는다.

꿈의 고객이 중요한 이유는 방향이 같을 때 시너지가 발생하기 때문이다. 서로 방향성이 같으니 대화의 흐름도 좋고, 전략을 세울 때 즐겁다. 고객과 함께 HOW를 찾아가는 과정에서 에너지가 생긴다.

올바른 방향성과 좋은 에너지가 만나면 성과는 따라온다. 그럼 나로 인해 성과가 난 업체들은 주변에 이렇게 말한다.

"여기 마케팅 잘하더라."
"너도 한번 해 봐."

그리고 자연스럽게 긍정적인 후기가 쌓인다. 실제로 우리 유튜브 영상을 보면 얼굴을 공개하고 인터뷰에 참여한 사람들이 많다. 꿈의 고객을 받았을 때 비로소 매출의 선순환이 굴러가기 시작한다.

반대로 불법 트래픽이나 상위 노출만을 원하는 고객을 받았던 시절도 있었다. 지금 다시 생각해도 스트레스가 밀려온다. 하루에도 몇 번씩 전화가 왔다.

"순위가 떨어지고 있다."
"광고 순위 떨어졌는데 당장 바로 올려야 하는 거 아니냐."

매출이 떨어질 것 같다는 불안은 이해한다. 하지만 실제로 순위에 따른 매출 변화가 얼마나 되는지 물어봤을 때, 정확히 답을 준 사람은 거의 없었다. 심리적 불안이 더 컸던 것이다.

사실 그런 고객들은 광고비를 정말 많이 썼다. 본인이 운영하고 있는 모든 사업의 마케팅을 매장을 맡기기도 했다. 하지만 나는 고심 끝에 결정을 내렸다.

"저희와 방향성이 맞지 않는 것 같습니다. 여기까지 했으면 좋겠습니다."

정중히 말하고 계약을 종료했다.

여기까지 완전히 이해하고 실행만 해도 상위 10%에 속한다고 말할 수 있다. 꿈의 고객을 받아야 한다는 사실을 머리로는 알지만, 눈앞의 매출 때문에 실행하지 못하는 경우가 많기 때문이다.

왜 그렇게 하지 못할까? 용기의 문제일 수도 있다. 하지만 더 깊이 들어가면 내가 왜 이 일을 하는지, 내 사업의 방향이 무엇인지 모르기 때문이다. 누가 나와 맞는 고객인지, 어떤 제안을 거절해야 하는지 기준이 없는 것이다.

그래서 대부분의 사람은 모든 고객을 붙잡으려다 결국 아무도 붙잡지 못한다.

내 사업의 WHY를 아는 사람은 거절을 두려워하지 않는다. 그 거절이 곧 자신의 방향을 지켜내는 행동이기 때문이다.

"나는 왜 이 일을 하고 있는가?"

이 질문에 답하는 순간, 비로소 꿈의 고객이 보이기 시작한다.

나는 왜 이 사업을
하고 있는가

사업을 하다 보면 해야 할 일은 늘 넘쳐난다. 하지만 '왜 해야 하는지'에 대한 답은 점점 희미해진다. 매출을 올리고, 고객을 늘리고, 광고를 집행하고, 직원을 관리하는 하루하루 속에서 우리는 점점 방향을 잃는다. 그러다 문득 이런 생각이 든다.

"내가 왜 이 일을 하고 있지?"

돈이 목적이었던 것 같은데, 막상 돈이 들어와도 공허하다. 목표를 달성해도 마음은 채워지지 않는다.

사업은 결국 나를 이해하는 과정이다

내가 누구인지, 어떤 걸 좋아하고 어떤 걸 싫어하는지, 무엇을 할 때 가장 에너지가 올라오는지를 알아야만 일을 오래 지속될 수 있다. 왜냐하면 사업은 단거리 달리기가 아니라 마라톤이기 때문이다. 단기적으로 돈을 벌 수는 있지만, 그것이 평생의 일로 이어지려면 그 안에 내가 있어야 한다.

어릴 때의 우리는 참 솔직하다. 좋아하는 걸 좋아한다고 말하고, 싫은 건 싫다고 말한다. 하지만 사회생활을 하면서 그 솔직함은 점점 사라진다. 인간은 본능적으로 무리에서 이탈되는 것을 두려워하기 때문이다. 선사시대 때 무리에서 떨어지는 것은 곧 죽음을 의미했다.

그래서 우리는 자연스럽게 다수의 선택을 따라간다. 많은 사람이 가는 길이 덜 위험해 보이기 때문이다. 그렇게 기준을 밖에서 가져오기 시작하면, 내가 왜 이 일을 하려 했는지는 점점 흐려진다. 사람들이 옳다고 말하는 방향은 알지만, 내가 정말 원하는 방향은 설명하지 못하는 상태가 된다.

내 사업의 WHY를 찾으려면 결국 나를 이해해야 한다. 그 출발점은 거창한 철학이 아니다. 내가 언제 가장 솔직했는지를 떠올려보는 일이다. 남의 기대를 신경 쓰기 전, 비교하기 전, 결과보다 흥미가 먼저였던 시기. 그때의 선택에는 계산보다 취향이 있었다.

나는 어릴 때부터 손을 들고 발표하기를 좋아했다. 사람들 앞에 서는 게 두렵지 않았다. 오히려 그 순간이 즐거웠다. 하지만 어느 날부터인가 달라지기 시작했다. 발표를 했는데 잘하지 못했다는 이유로 친구들이 수군거렸다.

"왜 하지도 못하면서 나서?"
"너 왜 나대냐?"

그 말들은 내 안에 상처로 남았다. 그날 이후 나는 생각했다.

'이제는 완벽하게 하지 않으면 나서지 말아야지.'

그렇게 나는 완벽해야만 인정받는다는 신념을 만들어버렸다. 나서면 욕 먹는다는 두려움은 완벽주의로 바뀌었고, 오랫동안 나를 묶어두었다.

그럼에도 불구하고 나는 여전히 누군가에게 설명하고 가르치는 일을 좋아했다. 누군가 내 말을 듣고 이해하고 변화하는 걸 볼 때마다 행복했기 때문이다. 대학 시절에는 RCY 경기도지사 회장을 맡아 초·중·고등학교를 돌며 재능기부 강의를 했다. 100명이 넘는 아이들 앞에 서서 이야기하는 순간, 나는 살아 있음을 느꼈다. 그 무대가 내 공간 같았다.

그때 깨달았다.

아, 나는 누군가에게 가르치고 전하는 일을 좋아하는 사람이구나. 사람을 성장시키는 일을 좋아하는 사람이구나.

하지만 성인이 되면서 그 감정은 잊혔다. 현실은 냉정했다. 돈이 필요했고, 생계를 유지해야 했다. 그래서 여러 가지 일을 시도했다. 하지만 이상하게도 어느 일을 해도 만족스럽지 않았다. 목표로 삼았던 월급을 받아도 기쁨은 잠깐이었다. 금세 공허해졌다.

"나는 평생 뭘로 먹고 살아야 하지?"
"나는 왜 늘 두렵고 불안할까?"

그 질문이 머릿속을 맴돌았다.

그렇게 나는 마케팅 일을 시작했다. 초반에는 이게 내 길이라고 생각했다. 사람과 소통하고, 설득하는 일이 내 적성에 맞는다고 느꼈다. 그런데 시간이 지나면서 마음속에 또다시 익숙한 불편함이 올라왔다.

나는 학창 시절부터 누군가를 괴롭히거나 편을 가르는 걸 좋아하지 않았다. 남고에서 강한 친구들이 약한 친구를 놀릴 때마다 속이 불편했다. '다 같이 잘 지내면 안 되나? 왜 저렇게 해야 하지?' 그런 마음이 내 안 깊은 곳에 있었다.

그런데 마케팅 회사에서 영업 전화를 걸며 계약을 따내는 일을 하다 보니, 그때의 불편함이 올라왔다. 영업 전화를 걸어 "대표님, 이 방법이면 매출 오릅니다."라고 말하면서도 내 안은 죄책감으로 가득했다. 이 방법으로는 실제로 매출이 오를 것 같지 않았기 때문이다. 계약을 많이 따낼수록 그 죄책감은 더 커졌다.

"이건 아닌데…."

나는 고객을 돕고 싶었지만, 정작 그들을 이용하는 느낌이 들었다.

그래서 결심했다. 나는 영업 전화를 하지 않는 마케팅 회사를 만들겠다고. 진짜로 고객에게 가치를 줄 수 있는, 진심이 담긴 마케팅을 하겠다고.

그 결심 이후 나는 회사의 운영 방식을 완전히 바꿨다. 한 달 단위 계약만 진행했고, 모든 후기를 공개했다. 불만족하면 100% 환불했다. 그리고 지금도 내 수입의 일부를 교육에 투자하며 공부를 이어가고 있다.

이 과정 속에서 나는 내 WHY를 찾았다.

나는 돈을 위해 속임수를 쓰는 사람이 아니라, 누군가의 성장을 돕는 사람이다.

나의 마케팅은 팔기 위한 마케팅이 아니라, 가치를 전달하기 위한 마케팅이었다. 그게 나의 본질이었다.

그래서 지금 나는 마케팅 회사를 운영하면서 동시에 교육을 하고 있다. 강의를 하며 사람들이 내 이야기를 듣고 변화하는 걸 보는 게 즐겁다. 그때 나는 삶의 보람을 느낀다. 누군가가 내 이야기를 통해 용기를 얻고, 방향을 바꾸고, 다시 일어나는 모습을 볼 때 나는 '이게 내가 해야 할 일'이라는 확신을 느낀다.

이런 확신은 그냥 생기지 않는다. 반드시 나를 이해하는 과정이 필요하다.

나는 무엇을 좋아했는가?
무엇을 싫어했는가?
나는 언제 가장 즐거웠는가?

이 질문에 진심으로 답하다 보면 그 안에서 내가 왜 이 일을 하는지에 대한 실마리가 나온다. 그리고 그것이 내 사업의 WHY가 된다.

사업을 한다는 건 평생의 일을 선택한다는 뜻이다. 그런데 대부분은 평생을 생각하지 않는다. "이 사업으로 얼마를 벌 수 있을까?", "요즘 트렌드가 뭐지?" 이런 질문에 머문다.

나는 한 번 상상해본 적이 있다.

10평짜리 치킨집을 열어 하루 열 시간씩 일해 한 달에 1,000만 원을 벌 수 있다. 하지만 그걸 평생 해야 한다면?

그 순간 숨이 막혔다.

그래서 나는 결심했다. 나는 하고 싶은 일을 해야 한다고. 내 인생을 돌아보고, 내가 평생 받아들일 수 있는 일을 선택해야 한다고. 그래야 나는 평생 사업을 할 수 있다.

내가 왜 이 일을 하는지 알면, 어떤 위기가 와도 흔들리지 않는다. 그 WHY는 나를 단단하게 세운다. 그것은 방향이고, 철학이고, 정체성이다. 그리고 그것이 결국 내 사업의 중심이 된다.

"나는 왜 이 일을 하고 있는가?"
"왜 나는 이 서비스를 만들게 되었는가?"
"왜 이 가치를 고객에게 전달하고 싶은가?"

그 답을 찾는 순간, 우리의 방향성에 동의하는 꿈의 고객이 보이기 시작한다. 결국 그 WHY가 나의 신념이 되고 사명이 된다. 그리고 그 신념이 우리 브랜드의 운영 철학이 된다.

우리는 일론 머스크가
아니어도 된다

이제 우리는 내가 왜 이 일을 하는지에 대한 이유를 찾았다. 하지만 거기서 멈추면 안 된다. 그 이유를 붙잡고 꾸준히 나아가려면, 그것을 지켜주는 기준이 필요하다.

그게 바로 신념과 사명이다.

신념은 내가 어떤 마음으로 이 일을 할 것인지에 대한 믿음이고, 사명은 그 믿음을 세상에 실천하는 방법이다. 쉽게 말하면, 신념은 내 안의 방향이고 사명은 그 방향으로 실제로 걸어가는 일이다.

많은 사람이 철학이나 사명 이야기를 하면 이렇게 말한다.

"그런 건 큰 회사들이나 하는 거 아닌가?"
"무슨 철학자야? 돈만 벌면 되는 거 아닌가?"

나 역시 비슷했다. 어떤 무료 강연에서 사명 이야기를 들었을 때 '그럴싸

하게 사업을 포장하는 말이겠지.'라고 비아냥거리기도 했다.

하지만 실제로는 그 반대였다. 우리가 알고 있는 세계적인 기업들은 회사가 커졌기 때문에 철학을 세운 게 아니다. 처음부터 흔들리지 않을 기준이 있었기 때문에 커질 수 있었던 것이다.

예를 들어 애플의 신념은 단순하다. **"열정적인 사람들이 세상을 바꾼다."** 그래서 애플은 인재를 뽑을 때 기술보다 사람을 먼저 본다. 이 기준에 맞는 인재들만 채용했다. 그 믿음이 지금의 애플을 만든 것이다.

마이크로소프트와 구글 역시 마찬가지다. 마이크로소프트의 사명은 **"지구상의 모든 사람과 조직이 더 많은 것을 성취하도록 돕는 것"**이다. 그 사명을 지키기 위해 기술을 통해 기회를 확장해 왔다. 개인용 컴퓨터의 대중화, 클라우드, 인공지능까지 흐름이 이어진다.

구글의 사명은 **"전 세계의 정보를 체계화해 모두가 편리하게 이용할 수 있도록 하는 것"**이다. 지금의 구글을 보면 그 문장이 어떻게 현실이 되었는지 명확하다. 사명은 단순한 문장이 아니라, 회사가 나아갈 방향을 결정하는 기준이다.

여기서 이런 생각이 들 수 있다.

"나 같은 1인 사업자나 자영업자는 해당 안 되지 않나요?"

신념과 사명은 내가 지치지 않기 위한 기준이다

사람마다 사업을 하는 이유는 다르다. 세상을 변화시키고 싶은 사람도 있고, 경제적 자유를 얻고 싶은 사람도 있다. 어떤 사람은 가족을 지키기 위해, 안정적인 삶을 위해 사업을 한다. 우열의 문제가 아니다. 각자의 WHY가 다를 뿐이다.

테슬라의 일론 머스크를 보자. 그는 세상을 바꾸고 싶어 하는 사람이다. 인류를 화성으로 보내겠다는 말이 허황돼 보일 수 있지만, 그는 그 WHY에 인생을 건다. 그런데 우리는 그의 철학보다 그의 자산을 먼저 본다.

우리는 정말 일론 머스크처럼 살고 싶은 걸까?
아니면 그만큼의 부자가 되고 싶은 걸까?

이게 잘못된 생각은 아니다. 다만 솔직해질 필요는 있다. 우리는 머스크처럼 세상을 바꾸기 위해 사업을 시작한 게 아닐 수 있다. 우리는 내 삶을 바꾸고 싶어서 사업을 시작했을 가능성이 더 크다.

우리는 일론 머스크가 아니어도 된다.

내 아이에게 더 나은 삶을 주고 싶어서, 좋아하는 일을 하며 돈을 벌고 싶어서, 더 이상 누군가에게 휘둘리지 않고 싶어서 시작했을지도 모른다. 규모만 다를 뿐 본질은 같다. 중요한 건 크기가 아니라 내가 원하는 삶의 방향이다.

신념과 사명은 회사를 키우는 도구가 아니다. 매출이 떨어질 때, 고객이 끊길 때, 그럼에도 불구하고 다시 일어나게 만드는 이유다. 그게 없다면 매출은 숫자일 뿐이고, 사업은 노동이 된다.

나에게도 그런 기준이 있다. 나는 열끈마케팅이라는 회사를 운영하고 있다. GRIT에서 영감을 받아 이름을 지었다. 나는 마케팅을 단순히 매출을 올리는 수단으로 보지 않는다. 마케팅은 가치를 연결하는 일이라고 믿는다. 고객이 브랜드에 공감하고 신뢰하게 만드는 과정. 그게 내가 생각하는 본질이다. 매출은 그 결과다.

내 신념은 명확하다.

'진정성 있는 사람들이 세상을 변화시킨다.'

그리고 내 사명은 그 사람들이 자신만의 방식으로 성장하도록 돕는 것이다. 그래서 나는 마케팅 교육과 코칭, 그리고 대행을 함께 진행한다.

단순히 돈만 벌기 위해 수단과 방법을 가리지 않는 사업과는 함께하지 않는다. 진심으로 고객에게 가치를 전달하고 싶은 사람들과 일한다. 그 사람들이 나에게는 꿈의 고객이다. 이 책 역시 그 꿈의 고객과 연결되기 위해 쓰고 있다.

나는 같은 생각을 가진 사업가들과 함께 성장하기 위한 환경을 만들고 있다. 모임을 주최하고, 비슷한 가치관을 가진 사람들과 적극적으로 소통한다. 그 자리에서 나는 늘 느낀다. 결국 사람을 변화시키는 건 진정성이라는 것을.

신념과 사명이 거창할 필요는 없다. 우리 주변의 평범한 이야기 속에도 존재한다.

예를 들어 30대 초반의 한 주부가 있었다. 근데 아이에게 심한 아토피가 생겼다. 밤마다 긁으며 우는 모습을 보며 함께 울었다. 좋다는 제품을 다 써봤지만 소용이 없었다. 그래서 결심했다. 직접 만들어보겠다고.

천연 성분을 공부하고 수십 번 시행착오를 겪었다. 실패하고 또 실패했다. 그래도 포기하지 않았다. 모든 게 아이를 위해서였다. 그러던 어느 날 아이의 피부가 조금씩 좋아지기 시작했고, 그 순간 주부는 이런 생각이 들었다.

"이건 나 같은 엄마들이 꼭 알아야 해."

그 마음으로 카페에 글을 쓰기 시작했고, 작은 브랜드를 만들었다. 그러자 그녀와 비슷한 고민을 가진 엄마들이 하나둘 찾아왔다.

그녀의 WHY는 명확했다.

'내 아이처럼 고통받는 아이들을 돕고 싶다.'

그게 신념이 되었고, 행동으로 옮긴 것이 사명이 되었다. 그 브랜드의 꿈의 고객은 아토피로 고통받는 아이의 엄마들이다. 그들은 제품만 사는 게 아니라, 그녀의 진심에 공감한다.

이처럼 신념과 사명은 멋진 문장을 만들기 위한 장치가 아니다. 내가 왜 이 일을 계속해야 하는지, 왜 오늘도 다시 일어나야 하는지를 잊지 않게 해주는 기준이다.

그리고 그 기준이 분명한 사람은, 평생 흔들리지 않는 사업을 할 수 있다.

매출은 전략보다
신념에서 시작된다

과연 나는 의식적으로 행동하고 있을까?

우리는 스스로 생각하고 결정한다고 믿는다. 사업을 시작한 것도, 직원을 채용한 것도, 광고 예산을 늘린 것도 모두 '내가 판단한 결과'라고 말한다. 그런데 가만히 들여다보면, 그 판단의 출발점이 이미 정해져 있는 경우가 많다. 그 출발점이 바로 신념이다.

신념은 단순한 다짐이 아니다. "열심히 살자.", "긍정적으로 생각하자." 같은 문장이 신념은 아니다. 신념은 내가 세상을 해석하는 기준이다. 돈을 어떻게 바라보는지, 실패를 어떻게 받아들이는지, 나는 어떤 사람이라고 정의하는지. 그 기준이 쌓여서 행동이 되고, 행동이 반복되면 결국 현실이 된다.

문제는 그 신념이 의식적으로 세워진 게 아니라는 데 있다.

우리는 대부분 아주 어린 시절부터, 혹은 어떤 강렬한 경험을 통해 신념을 만들어버린다. 그리고 그걸 진실처럼 믿는다. 한 번 만들어진 신념은 잘 의심하지 않는다. 오히려 그걸 증명하는 증거만 찾는다.

예를 들어 출근길에 신호등이 바뀌거나, 타려던 버스가 눈앞에서 떠날 때 무심코 이런 말을 한다. "아, 나는 진짜 운이 없는 사람이야." 이 말은 농담처럼 흘러가지만, 반복되면 정체성이 된다. 운이 없는 사람이라는 자기 정의가 생긴다. 그러면 작은 실패가 생길 때마다 그 정의를 강화한다. "봐, 역시 나는 운이 없잖아."

이건 단순한 기분 문제가 아니다. 자기충족예언(Self-Fulfilling Prophecy)이라는 심리 현상과 연결된다. '나는 이런 사람이야.'라고 믿는 순간, 그에 맞는 선택을 하게 되고, 결국 그 결과가 다시 그 믿음을 강화하는 구조다.

나 역시 그 안에 있었다. 나는 오랫동안 '나는 운이 없는 사람'이라고 생각했다. 뭔가를 시도하면 꼭 중간에 꼬였다. 성과급 구조로 일하면 이상하게도 매달 수입이 어느 선을 넘지 못했다. 300만 원 근처에서 늘 멈췄다. 처음엔 우연이라고 생각했다. 그런데 반복되자 패턴이 보였다.

이상하게도 300만 원을 넘기 직전이 되면 불안해졌다. '내가 이만큼 받아도 되나?'라는 생각이 올라왔다. 그러면 실수가 생기고, 계약이 엇갈리고, 결과는 다시 제자리였다. 그리고 나는 이렇게 말했다.

"역시 나는 이 정도가 딱이야."

지금 돌이켜보면 웃기다. 하지만 그때의 나는 진지했다. 나는 노력하고 있다고 믿었지만, 사실은 무의식이 설정해 둔 상한선 안에서만 움직이고 있었다. 그 이상은 허용하지 않았다. 스스로를 보호한다는 명목으로 더 커질 기회를 밀어냈다.

돈에 대한 신념과 무의식

나는 많은 사업가를 만나면서 돈에 대한 무의식이 얼마나 중요한지 깨달았다.

"돈은 나쁜 사람들이 버는 거야.", "부자는 결국 남을 이용해서 돈을 벌어.", "나는 그렇게까지는 못 해." 이런 말은 겸손처럼 들리지만, 실제로는 성장의 한계를 스스로 설정하는 문장이다.

무의식은 늘 익숙한 걸 원한다. 익숙함이 불편해도, 그게 안전하다고 느낀다. 그래서 기회가 와도 망설인다. 금액이 커지면 주저하고, 좋은 제안이 들어오면 괜히 의심부터 한다. 그리고 결국 놓친 뒤 이렇게 말한다. "역시 나는 그런 사람이 아니야."

많은 사람이 자신이 이성적으로 판단한다고 생각한다. 하지만 인간의 행동 중 의식적인 영역은 극히 일부에 불과하다는 연구도 있다. 대부분의 선택은 이미 형성된 신념의 틀 안에서 자동으로 이뤄진다. 그러니 그 틀이 왜곡되어 있다면, 아무리 전략을 배우고 시스템을 공부해도 한계는 반복된다.

나는 실제로 자산 10억 원이 넘는 대표도, 18년 동안 연쇄 창업을 한 사람도, 대기업을 그만두고 사업을 시작한 사람도 만났다. 겉으로 보기엔 자신만의 방법으로 인생을 잘 살고 있는 사람들이다. 그런데 대화를 나눠보면 각자만의 한계 문장이 있었다.

결국 무의식이 정체성을 만들고,

정체성이 선택을 만들고,

선택이 현실을 만든다.

그래서 나는 시스템을 이야기하기 전에, WHY를 이야기하기 전에, 반드시 이 질문을 던져야 한다고 생각한다.

지금 내 사업을 멈추게 하는 잘못된 신념은 무엇인가.

나는 정말 능력이 부족해서 멈춘 걸까, 아니면 '나는 이 정도 사람'이라는 문장 안에 스스로를 가둬둔 건 아닐까. 신념은 생각보다 조용하다. 하지만 사업의 크기를 결정하는 건 전략이 아니라, 그 조용한 문장일지도 모른다.

긍정 확언이 소용없는 진짜 이유

무의식을 바꾸는 건 단순한 마음가짐이나 긍정적인 생각으로 되는 게 아니다. "난 할 수 있어.", "잘 될 거야." 같은 말로는 아무것도 변하지 않는다. 잠깐의 위안은 줄 수 있어도, 근본은 달라지지 않는다. 왜냐하면 우리의 행동을 결정짓는 건 의식이 아니라 무의식이기 때문이다.

앞에서 말했듯이 사람들은 자신이 이성적으로 판단해서 행동한다고 믿지만, 실제로 인간의 행동 중 의식적인 것은 고작 5%에 불과하다. 나머지 95%는 무의식이 만든다. 그 무의식 속에 내가 어떤 사람인지, 어떤 믿음을 가진 사람인지, 어떤 세상을 살아가고 있는지가 이미 각본처럼 쓰여 있다.

그렇다면 그 각본은 어디서 시작된 걸까?

우리는 태어날 때부터 백지 상태로 태어나지만, 성장하면서 수많은 사건과 경험을 통해 자신에 대한 믿음을 쌓는다. 칭찬을 들으면 '나는 괜찮은 사람이야.'라는 믿음이 생기고, 누군가에게 거절당하면 '나는 별로야.'라는 생각이 자리 잡는다. 그렇게 쌓인 감정과 경험이 무의식을 형성하고, 결국 나의 행동과 말투, 선택의 기준이 된다.

앞에서 이야기했던 내 어린 시절 이야기를 다시 꺼내보면, 나는 어릴 때 발표를 좋아하는 아이였다. 그래서 항상 손을 번쩍 들고 교실 앞에 나가서 내 생각을 말하는 걸 좋아했다.

그런데 어느 날, 친구들이 수군거리기 시작했다. "왜 저렇게 나서?", "하지도 못하면서 또 나대네." 지금 돌아보면 그 말 한마디가 내 안에 깊이 박혔었다. 그날 이후 나는 '발표를 좋아하는 아이'가 아니라, '잘해야만 나설 수 있는 아이'가 되어버린 것이다. 실수하면 안 되고, 틀리면 안 되고, 완벽해야만 사람들 앞에 설 수 있다고 믿었다. 그렇게 나는 모르는 사이 완벽주의자가 되어 있었다.

사회생활을 시작하고 나서도 그 완벽주의는 나를 옥죄었다. 조금이라도 부족하면 스스로를 몰아붙였다. 누군가 내 의견을 반박하면 그건 '생각이 다르다.'가 아니라 '내가 틀렸다.'라고 들렸다. 나는 늘 준비가 덜 된 사람, 더 노력해야 하는 사람, 언제나 '조금 부족한 사람'이었다.

그런 신념이 내 무의식의 바탕이 되어 있었다. 이건 단지 성격 문제가 아니었다. 이런 생각이 내 행동, 내 말투, 내 결정에까지 영향을 미쳤다. 새로운 시도를 할 기회가 와도 "아직은 준비가 덜 됐어."라며 발을 뺐다.

그 완벽주의가 결국 나의 가능성을 가로막고 있었다.

행동을 바꾸지 못하는 긍정은 현실을 바꾸지 못한다

여기서 문제는 그때 친구들의 말보다 그 말에 내가 어떤 의미를 부여했느냐이다. '나대네.'라는 말은 그냥 툭 던진 한마디였을지도 모른다. 하지만 나는 그걸 '나는 나서면 안 되는 사람'이라는 신념으로 바꿔버렸다. 그때부터 내 무의식 속 각본이 그렇게 쓰이기 시작한 것이다.

나는 그 각본을 바꾸기 위해 과거의 나를 하나하나 다시 만나보기로 했다. 10대의 나, 20대의 나, 그리고 30대의 나까지. 각 시기마다 내 안에서 어떤 생각이 태어나고, 그 생각이 지금의 나에게 어떤 영향을 미쳤는지를 천천히 들여다봤다.

가장 먼저 떠오른 건 중학교 때의 나였다. 그때 나는 친구들에게 인정을 받고 싶었다. 하지만 어떤 날은 괜히 소외를 당했고, 그때 느꼈던 외로움이 "나는 보잘것없는 사람이야."라는 믿음으로 변했다.

그 믿음과 함께 내 무의식에는 '나는 의미 있는 사람이야.'라는 이야기를 듣기 위해서 인정욕구가 커져 있는 상태였다. 그래서 나는 마음속으로 그 시절의 나에게 말을 걸었다. "그건 아무 일도 아니야. 어릴 때 애들 장난일 뿐이야. 그 일로 네가 작아질 필요는 없어. 넌 충분히 괜찮은 아이였어."

그 말을 해준 뒤로 이상하게 마음이 편해졌다. 내 안 어딘가 단단하게 묶여 있던 매듭이 풀리는 느낌이었다. 그때부터 나는 과거의 나를 자주 찾아갔다. 잊고 살았던 상처들을 하나씩 떠올리고, 그때의 나를 꺼내서 위로했다. "괜찮아. 이제 끝났어. 그건 그때 시절의 작은 일들이야." 이건 거창한 명상도, 복잡한 심리 훈련도 아니었다. 그저 내가 내 과거의 나를 이해하고 안아주는 과정이었다.

물론 혼자 극복하기 힘든 사건이나 사고는 전문가의 손길이 필요하다. 하지만 스스로 이 과정을 반복하다 보면 그 장면을 바라보는 감정이 바뀐다. 예전에는 분노나 수치로 물들어 있던 기억이 이제는 그냥 하나의 경험으로 남는다. 그때부터 내 무의식의 각본이 조금씩 수정되기 시작했다.

무의식을 바꾼다는 건 그런 것이다. 무언가를 억지로 지우는 게 아니라, 그때의 나를 이해하고 수용하는 일이다. 그때의 감정을 인정하고 위로하면 비로소 새로운 신념이 들어올 공간이 생긴다.

신념은 외쳐서 바뀌는 게 아니라, 이해할 때 비로소 바뀐다.

이 과정을 통해 나는 나 자신을 조금씩 이해하게 됐다. 나는 어떤 일을 좋아했고, 어떤 일을 싫어했는지, 무엇을 잘했고, 무엇을 하며 가장 즐거웠는지를 하나씩 떠올렸다. 그 기억 속에는 내가 앞으로 어떤 신념을 가지고 살아야 할지가 이미 들어 있었다.

이 무의식을 바꾸는 건 누군가 옆에서 방향을 잡아줄 수는 있지만 결국 스스로 해내야 한다. 나의 정체성은 오직 나만이 바꿀 수 있다. 나는 지금도 내 무의식을 긍정적으로 만들기 위해서 주변 환경을 만들며 노력하고 있다. 처음에는 무의식을 바꾸는 일이 쉽지 않겠지만, 조금씩 바꾸다 보면 그만큼 강력한 무기가 될 것이다.

내 안의 잘못된 믿음을 찾아내고, 그 자리에 새로운 신념을 심는 순간,
인생이 조금씩 다른 방향으로 움직이기 시작할 것이다.

방법을 알면서도
멈추는 사람들의 공통점

　사업을 하다 보면 어떤 문제를 해결하기 위한 방법은 아는데, 선뜻 행동을 하지 못하거나 집중해서 처리하지 못하는 경우가 생긴다. 하지만 이 집중이라는 건 단순히 의지만으로 되는 건 아니다. 아무리 결심하고 다짐해도 머릿속이 복잡하면 그 결심은 하루도 가지 않는다. 진짜 집중은 비워진 뇌에서만 가능하다.

방법을 몰라서가 아니라, 과부하 때문에 멈춘다

　사실 사업을 하면서 신경을 써야 하는 부분이 정말 많다. 하지만 그게 복잡하고 잘 해결되지 않는 진짜 문제는 내 머릿속이 정리되지 않았기 때문이다. 우리는 머릿속의 쓰레기 파일을 비워내는 일을 해야 한다.

　뇌과학적으로 보면, 우리의 뇌는 컴퓨터와 아주 비슷하게 작동한다. 기억, 감정, 판단, 상상 같은 기능들이 각각의 회로를 돌며 서로 영향을 주고받는다. 그런데 여기에 명확한 한계가 있다. 바로 뇌의 처리 용량이다. 우리의 뇌는 무한히 많은 일을 동시에 처리할 수 있는 구조가 아니다.

하버드 의대 출신 신경과학자 대니얼 레비틴(Daniel Levitin)은 이렇게 말했다. "인간의 주의력은 한정된 자원이다. 우리는 멀티태스킹을 한다고 생각하지만, 사실은 한 가지 일을 빠르게 전환하며 처리할 뿐이다."

인지심리학자 조지 밀러(George A. Miller)는 『The Magical Number Seven, Plus or Minus Two』라는 연구에서 인간의 단기 기억이 한 번에 평균 약 일곱 개의 항목만 유지할 수 있다고 밝혔다. 하지만 이후의 연구들은 그보다 훨씬 적다고 말한다.

즉, 우리의 뇌는 한정된 저장 공간을 가진 컴퓨터와 같다. 만약 컴퓨터에서 창을 너무 많이 띄워 두면 어떻게 될까? 처음에는 빠르게 돌아가던 프로그램이 점점 느려진다. 결국 멈춰버리거나 오류가 난다. 또한 우리가 인터넷을 사용하면 할수록 임시 파일이 쌓인다. 그 임시 파일은 많아질수록 인터넷 속도는 느려진다.

우리의 뇌도 똑같다. 너무 많은 생각을 켜 두면 판단이 흐려지고, 결정이 느려지고, 결국 실행력이 떨어진다. 이게 바로 뇌의 과부하다. 사업은 뇌의 90% 이상을 사업에만 쏟을 때 성공 확률이 올라간다고 한다. 이건 단순한 열정의 이야기가 아니다. 그만큼 머릿속을 정리하지 않으면 그 어떤 뛰어난 전략도, 창의적인 아이템도 나올 수가 없다. 문제는 능력만이 아니라 과부하가 되어 있는 뇌다.

그래서 우리는 과부하가 내 안의 어디에서 오는지 함께 살펴볼 필요가 있다. 예를 들면 관계, 금전, 건강, 사랑. 이 네 가지는 대부분의 사람에게 과부하를 일으키는 핵심 영역이다. 그런데 많은 사람들은 이 무게를 제대로 인식하지 못한다. 너무 오래 끌고 왔기 때문이다. 그래서 우리는 그것이 문제라는 사실조차 모른 채 살아간다.

만약 가족과 문제가 있는 사람은 일을 하다 가도 문득 그 얼굴이 떠오른다. 금전적 걱정이 있는 사람은 일 도중에도 "이번 달 카드 값은 어떻게 하지?"라는 생각을 한다. 친구나 지인과 관계가 틀어진 사람은 그 대화가 머릿속에서 계속 재생된다. 몸이 아픈 사람은 통증이 신호처럼 떠올라 집중을 깨뜨린다.

이게 다 과부하다.

행복은 더 얻는 것이 아니라, 과부하가 사라진 상태다

우리는 이 과부하를 없애기 위해 도망치지 말고 마주할 필요가 있다. 핑계 대지 않고, 솔직하게 나를 인정해야 한다. "나는 지금 어떤 관계에서 힘들어하고 있는가?", "나는 어떤 불안을 붙잡고 있는가?", "내 건강은 어디에서 신호를 보내고 있는가?" 이 질문에 대한 답을 직접 써보는 것부터 시작해야 한다. 그리고 그중 당장 해결할 수 있는 일부터 작게 결단해야 한다.

물론 처음부터 모든 문제를 해결할 수는 없다. 하지만 결단이라는 행위 자체만으로도 과부하는 눈에 띄게 줄어든다. 결정하지 않은 채 머릿속에 남겨둔 생각들이, 나도 모르는 사이 뇌의 공간을 계속 차지하고 있기 때문이다.

나 또한 과부하의 원인을 찾기 위해 내 과거를 돌아봤다. 그때 내게 가장 큰 과부하는 가족과의 관계였다. 어머니는 내가 다섯 살 때부터 혼자 나와 여동생을 키우셨다. 아버지가 돌아가신 뒤, 주부였던 어머니는 우리를 위해 공부와 일을 병행하셨다. 이를 악물고 버티셨다. 그런 어머니를 보며 나는 늘 감사해야 한다고 생각했다. 보육원에 보내지 않은 것만으로도 감사하다고 여겼다.

그런데 성인이 되고 나서부터 그 감사함이 점점 불편함으로 바뀌기 시작했다. 어머니를 도와야 할 일들이 늘어났고, 전화 한 통에도 신경이 곤두섰다. '왜 이렇게 나를 못 믿을까.', '왜 자꾸 간섭할까.', '왜 나를 이해하지 못할까.' 이런 생각이 쌓이면서 감사함은 어느새 짐이 되어 있었다.

그때는 몰랐다. 그 감정이 내 무의식 속 과부하였다는 걸. 어린 나는 어머니를 책임져야 한다는 생각을 깊이 새겨버렸다. 그것은 의무가 되었고, 동시에 감정의 덫이 되었다.

그러다 어느 날 나는 무의식을 공부하면서 깨달았다. 어머니는 그저 나를 사랑했을 뿐이었다는 것을.

나는 그 사랑을 간섭으로 오해하고 있었다. 그날 이후 나는 하나를 결심했다. "어머니는 나를 사랑한다. 그저 감사한 마음만 가지자." 이 한 문장을 결심한 뒤부터는 상황이 달라졌다. 잔소리를 들어도, "이건 나를 위한 말이야."라고 스스로에게 말해보았다. 그러자 어머니의 말이 다르게 들리기 시작했다. 내 머릿속을 가득 채우고 있던 불편함은 서서히 옅어졌고, 그 자리를 감사함이 대신했다. 내 인생에서 가장 무거웠던 과부하 하나가 그렇게 풀렸다.

모든 가족 관계가 이렇게 간단히 풀리진 않는다. 하지만 나는 확신한다.

과부하의 핵심은 사건이 아니라 감정이다. 사건은 이미 끝났다. 그런데 감정이 남아 있으면 그건 현재진행형이 된다. 과거의 일이 무의식 속에서 계속 재생되는 것이다.

그리고 나는 과부하를 하나씩 정리해 가는 과정에서 깨달았다. 행복이란 특별한 감정이 아니라는 것이다. 행복은 거창한 성취나 극적인 순간이 아니라, 관계, 금전, 건강, 사랑 이 네 가지 영역에서 마음이 편안한 상태에 가깝다는 생각이 들었다.

이 네 가지 걱정이 모두 사라진 상태를 한 번 떠올려보자. 가까운 사람과의 관계가 안정되어 있고, 돈에 대한 불안이 없고, 몸이 건강하며, 사랑 앞에서 마음이 흔들리지 않는 상태. 그때 우리는 굳이 행복하다고 말하지 않아도 이미 평온할 것이다. 결국 내가 내린 결론은 단순했다. 행복이란 무엇을 더 가지는 것이 아니라, 나를 짓누르던 과부하가 사라진 상태라는 것이다.

이걸 깨닫고 나면 답은 단순하다. 내 인생을 돌아보고 결단하는 것이다. 지금 내가 끌고 다니는 관계를 정리하고, 불필요한 금전 문제와 무의식을 해결하고, 내 몸의 신호에 귀 기울이고, 마음속 응어리를 인정하는 것. 이건 남을 위한 게 아니라 나의 뇌를 가볍게 하기 위한 작업이다. 그래야 사업에 90% 이상의 에너지를 쏟을 수 있다.

지금 당신의 뇌에도 수많은 임시 파일이 있을 것이다. 그 파일을 정리하기 전까지 새로운 프로그램은 제대로 실행되지 않는다. 과부하를 비우는 건 단순한 정리가 아니다. 그건 내 인생의 리셋이다. 그때 비로소 우리는 진짜 신념과 사명에 집중할 수 있다. 그리고 그 순간부터 성장이 다시 시작된다.

나는 돈을 어떻게 생각하고 있는가

사업은 기술 이전에 결정의 연속이다.
그리고 그 결정의 95%는 당신의 무의식이 내린다.

특히 돈에 대한 당신의 감정은
사업의 크기를 결정하는 가장 강력한 설계도다.

이제 솔직해질 시간이다.

다음의 문장을 천천히 읽고, 현재의 나에게 해당하면 ✔ 표시를 해보자.

돈 무의식 자가 진단

- [ ] 현재 가진 재산에 대해 항상 부족함을 느낀다.
- [ ] 돈이 없는 상태를 떠올리면 두렵고 싫다.
- [ ] 돈이 많아졌으면 좋겠다고 자주 생각한다.
- [ ] 돈이 많아지면 가족·연인·지인에게 인정받을 것 같다.
- [ ] 돈이 많아지면 하고 싶은 일을 다 할 수 있다고 믿는다.
- [ ] 돈이 많아지면 안정감을 느낄 수 있을 것 같다.
- [ ] 돈이 나갈 때마다 불안하다.
- [ ] 큰돈을 쓰면 스스로를 자책한다.
- [ ] 예상치 못한 지출이 생기면 화가 난다.
- [ ] 수입이 줄거나 없을 때 극심한 걱정을 한다.
- [ ] 일거리가 줄면 불안하다.
- [ ] 돈을 많이 버는 사람을 보면 위축되거나 부럽다.
- [ ] 돈이 많아 보이는 사람의 단점을 찾는다.
- [ ] 돈이 없어 보이는 사람의 단점을 찾는다.
- [ ] 돈이 없어 보이는 사람을 피하고 싶다.
- [ ] 돈 때문에 힘들어하는 사람을 보면 안타깝다.
- [ ] 내가 가진 것과 남이 가진 것을 늘 비교한다.
- [ ] 남보다 많으면 안정감을 느낀다.
- [ ] 남보다 적으면 수치심을 느낀다.
- [ ] 가족이나 가까운 사람의 수입에 신경을 쓴다.
- [ ] 부모나 배우자가 돈을 많이 벌길 바란다.
- [ ] 자식이 돈 잘 버는 직업을 갖길 바란다.
- [ ] 가족이나 가까운 사람이 돈을 못 벌거나 많이 쓰면 부정적 감정을 느낀다.

결과 해석

✔ 5개 이하: 돈은 당신에게 비교적 순수한 도구에 가깝다. 돈이 감정을 크게 흔들지 않기에, 시스템을 구축할 때 비교적 객관적인 판단을 내릴 확률이 높다.

✔ 10개 이상: 현재 돈에 대해 상당한 불안과 긴장이 있는 상태다. 돈이 단순히 숫자가 아니라 생존, 인정, 비교와 복잡하게 얽혀 있다. 이 긴장감이 당신의 사업적 판단을 흐리게 만들고 있을지 모른다.

✔ 15개 이상: 돈에 대한 두려움이 매우 깊은 편이다. 돈은 당신의 자존감, 관계, 안전과 하나로 묶여 있다. "열심히 하는데 왜 안 될까?"라는 질문의 답은 기술이 아니라, 이 깊은 두려움 속에 숨어 있을 가능성이 크다.

돈은 무의식을 숨기지 않는다.
내가 돈을 어떻게 느끼는지가 사업의 방향으로 드러난다.

이 감정이 바뀌지 않는 한 결과도 바뀌지 않는다.

CHAPTER 5

고객이 알아서 찾아오는
7단계 마케팅 시스템

지금까지 우리는 사업의 방향과 기준을 세웠다.
하지만 방향만으로는 매출이 만들어지지 않는다.

이제부터는 고객이 스스로 찾아오게 만드는 실제 시스템을 설계할 차례다.

1단계 :
사업 기획의 기준 만들기

이제부터 본격적으로 마케팅 시스템의 실전 단계로 들어가보자.

그동안 우리는 나를 돌아보고, 신념을 세우고, 무의식을 정리하며 내가 왜 이 일을 해야 하는지를 찾았다. 이제는 그 기반 위에 시스템을 세워야 한다. 내가 만든 7단계 마케팅 시스템은 단순한 이론이 아니라, 실제 현장에서 수많은 대표들과 부딪히며 다듬어 온 구조다. 지금도 꾸준히 피드백을 반영하며 보완하고 있다. 내가 사업을 하는 한, 이 과정은 멈추지 않을 것이다.

그중에서도 첫 번째 단계인 '기획 시스템'은 모든 단계를 지탱하는 기초다. 첫 단추를 잘못 끼우면 아무리 뛰어난 전략도 소용없다. 반대로 첫 단추만 제대로 끼워지면 이후의 단추는 자연스럽게 맞물린다. 사업도 마찬가지다. 처음 방향을 제대로 잡지 못하면 모든 것이 비틀어진다. 기획 시스템은 단순히 상품을 구상하는 단계가 아니다. '나는 왜 이 일을 하는가.', '내 브랜드는 왜 존재해야 하는가.', '누구를 위해 존재하는가.'에 대한 구조적인 답을 만드는 단계다.

기획은 상품을 정하는 일이 아니라, 존재 이유를 설계하는 일이다

나는 마케터로서 수없이 많은 업체와 대표를 만나 왔다. 어떤 제품은 정말 뛰어나 반응이 좋았고, 어떤 제품은 평범한데도 고객이 폭발적으로 몰렸다. 그 차이를 이해할 수 없었다. 아무리 분석해도 상품의 품질이나 가격 경쟁력만으로는 설명되지 않는 경우가 많았다. 그때부터 스스로에게 끊임없이 물었다. "도대체 고객은 무엇에 반응하는 걸까?"

답을 찾기 위해 수많은 시도를 했다. 직접 마케팅 기획을 하고, 콘텐츠를 발행하고, 광고 문구 하나를 수백 번 수정했다. 그리고 마침내 하나의 결론에 도달했다. 고객이 반응하는 것은 '좋은 제품을 얼마에 파느냐.'가 아니라 '왜, 그리고 어떻게 이 브랜드가 존재하는가.'였다. 즉, 브랜드의 존재 이유였다.

취향이 뚜렷하고 기준이 분명한 고객일수록 제품 그 자체보다 브랜드의 태도와 방향성, 철학에 끌린다. "이 회사는 단순히 돈을 벌기 위해 존재하는 게 아니라 세상을 더 나은 방향으로 바꾸기 위해 일하는구나."라는 인식이 생기면 그들은 충성 고객이 된다. 한 번 구매하고 끝나는 것이 아니라 지속적으로 구매하고 주변에 추천한다. 이렇게 형성된 진성 고객이 많아질수록 그 사업은 단순한 경쟁 시장의 일부가 아니라 팬을 중심으로 움직이는 독자적 시장이 된다. 경쟁이 아니라 관계로 운영되는 사업, 나는 그것이 진짜 강한 브랜드라고 생각한다.

그래서 나는 독보적인 사업 기획 시스템을 만들었다. 총 7단계가 제대로 작동하려면 1단계 기획이 명확해야 한다. 그래서 나는 대행을 원하는 대표들에게 항상 이렇게 묻는다.

"대표님의 사업 시작 이야기를 들어볼 수 있을까요?"

이 질문에 당황하는 사람도 있다. "그냥 시작했는데요. 돈 벌려고 하는 거죠." 하지만 조금만 깊이 생각해 보면 이 질문이 단순히 철학적인 질문이 아니라 가장 현실적인 질문임을 알 수 있다. '내 사업이 세상에 존재해야 하는 이유'를 정하는 일은 곧 '내 사업이 반드시 필요한 고객'을 찾는 과정이기 때문이다.

이 질문을 스스로에게 던져 보자.

"내 상품이나 서비스가 세상에서 사라진다면, 누가 가장 아쉬워할까?"

이 질문에 명확히 답할 수 있다면, 이미 당신의 사업은 대체 불가능한 가치를 지닌 것이다. 우리는 앞 장에서 내 사업의 WHY를 정의했다. 30대 주부 예시에서 보았듯, 내가 진심으로 하고 싶은 일과 반드시 해야 할 일을 구체화했고, 나와 같은 고객에게 가치를 제공하겠다고 결단했다. 이제 그 결단을 실행 가능한 구조로 만들어야 한다. 그것이 바로 기획이다.

그렇다면 고객은 언제 지갑을 열까? '가치를 느낄 때'다. 사람은 가치가 있다고 느끼면 주저 없이 돈을 쓴다. 그 가치는 크게 두 가지로 나뉜다. '사용 가치'와 '의미 가치'다. 사용 가치는 가성비, 실용성, 편의성처럼 삶을 실제로 편리하게 만드는 가치다. 반면 의미 가치는 감정적 만족에서 비롯된다. '이 소비는 나에게 의미가 있다.'는 감정이다. 그래서 가격이 비싸더라도 기꺼이 결제한다.

예를 들어 자동차를 떠올려 보자. 현대와 기아는 사용 가치가 뛰어나다. 기능적이고 합리적이며 품질도 우수하다. 반면 람보르기니나 포르쉐는 의미 가치의 상징에 가깝다. 도심에서 운전하기 불편하고 유지비도 비싸지만, 그 브랜드를 소유함으로써 느끼는 자부심이 크다.

그리고 이 두 가치를 동시에 만족시키는 브랜드도 있다. BMW와 벤츠다. 기능적으로 완성도가 높으면서도 상징성이 주는 의미가 있다. 그래서 고객은 더 큰 만족을 느낀다.

이처럼 상품을 기획할 때는 사용 가치와 의미 가치를 함께 고려해야 한다. 사용 가치를 높이려면 품질, 기능, 디자인 등 상품의 본질을 강화해야 한다. 그러나 이 영역에는 한계가 있다. 대기업이 이미 시장을 장악하고 있기 때문이다. 그들과 같은 방식으로 품질 경쟁을 벌이는 것은 무모하다. 우리가 집중해야 할 영역은 의미 가치다.

의미 가치는 스토리에서 나오고, 스토리는 신념에서 나온다

의미 가치는 스토리에서 나온다. 철학과 태도, 신념이 담긴 이야기다. 그것이 고객의 마음을 움직인다. 팬덤을 만들고, 고객이 자발적으로 브랜드를 홍보하게 만든다. 아이돌 팬이 굿즈를 구매하는 이유와 같다. 동일한 상품이라도 좋아하는 아이돌의 사진이 있다면 더 높은 가격을 기꺼이 지불한다. 그것은 단순한 상품이 아니라 의미 있는 행동이기 때문이다. 그래서 중요한 것은 이 제품이나 서비스를 만들게 된 스토리와 철학을 어떻게 전달하느냐다.

고객은 화려한 문구보다 브랜드의 진심을 본다. 그리고 진심은 감출 수 없다. 사업에 대한 확신이 있다면 말투와 태도, 눈빛에서 드러난다.

나 역시 예전에는 "하고 싶은 일을 하라.", "진심으로 일하라."라는 말을 믿지 않았다. 성공한 사람들이 하는 뻔한 이야기라고 생각했다. 그러나 직접 사업을 하면서 깨달았다. 그 말은 결과를 자랑하는 말이 아니라, 결과를 만들기 위한 전제 조건이었다. 진심으로 하고 싶은 일을 해야 진짜 고객이 붙는다.

나는 요즘 '후라이즈'라는 유튜브 채널을 자주 본다. 좋은 차를 타는 사람들에게 "어떤 일을 하세요?", "어떤 마음으로 일하세요?"라고 묻는 채널이다. 놀랍게도 많은 이들이 비슷한 답을 한다. "좋아하는 일을 하니까 돈이 따라왔어요." 처음에는 상투적으로 들리지만, 그들의 눈빛에는 확신이 있다. 고객은 그 확신을 감지한다. 그리고 그 지점에서 신뢰가 생긴다.

물론 사기꾼도 확신을 가장한다. 그러나 의도가 다르다. 사기꾼은 속이기 위해 확신을 이용하고, 사업가는 가치를 전달하기 위해 확신을 사용한다. 결국 차이는 진정성이다.

그렇다면 그 확신으로 가치를 어떻게 전달할 것인가?

먼저 시장을 분석해야 한다. 경쟁 구조, 고객층, 상권도 중요하지만, 더 중요한 것은 시장의 불만을 읽는 일이다. 고객이 실제로 겪는 불편과 불신을 찾아야 한다.

나는 마케터로 일하며 마케팅 시장에서 이런 목소리를 수없이 들었다.

"영업 전화가 너무 많아요."
"한 번 미팅하면 1년 계약을 강요하더라고요."
"사기 업체가 많아서 누굴 믿어야 할지 모르겠어요."
"어디를 가도 다 비슷한 마케팅이에요."
"성과가 없어도 대안이 없어요."

그래서 마케팅 회사를 창업할 때 이 문제를 정면으로 개선하기로 했다.

영업 전화를 하지 않는다.
모든 후기를 공개한다.
계약은 1개월 단위로만 진행한다.
불만족 시 100% 환불한다.
소수 고객만 맞춤형으로 진행한다.

이 원칙이 지금의 나를 만들었다. 시간이 지나자 이 방향성에 공감하는 고객이 찾아오기 시작했다. 이미 다른 곳에서 피해를 본 사람들, 후기를 보고 신뢰가 생긴 사람들, 지인의 소개로 온 사람들. 그들은 "여긴 다르다."고 말했다. 입소문은 콘텐츠가 되었고, 콘텐츠는 영상으로 확장되었다. 그렇게 나는 '나만의 고객'을 모을 수 있었다.

이 이야기는 마케팅 업계에만 해당하지 않는다. 모든 업종에는 어두운 이면이 있다. 저가 제품을 과장해 파는 업체, 허위 광고로 건강식품을 판매하는 브랜드, 공사비만 받고 잠적하는 인테리어 회사, 불필요한 보험을 끼워 파는 자산관리사, 갑질하는 트레이너, 책임을 회피하는 전문가들. 고객은 이런 구조에 지쳐 있다.

그래서 우리는 반대로 문제를 해결하는 쪽으로 가야 한다.

그것이 우리 사업의 핵심 가치다.

그리고 그 가치를 지키기 위해서는 나만의 원칙이 필요하다. 그 원칙이 브랜드의 철학이 된다. 내가 왜 이런 방식으로 일하는지, 어떤 기준으로 고객을 대하는지, 어떤 신념으로 사업을 운영하는지를 보여주는 기준이다. 이를 글과 영상으로 정리하면 브랜드 스토리가 된다.

그 순간부터 억지로 꾸밀 필요가 없다. 모든 사람에게 잘 보이려 애쓰지 않아도 된다. 진심은 포장할 수 없기 때문이다. 확신을 가지고 운영하는 사업은 이미 차별화되어 있다. 스토리와 철학이 살아 있으면 고객은 설득하지 않아도 자연스럽게 다가온다.

이제 우리는 독보적인 사업 기획을 완성했다. 내 스토리와 운영 철학은 누구도 흉내 낼 수 없는 나만의 것이다. 내 브랜드가 왜 존재해야 하는지, 어떤 문제를 해결하는지, 어떤 원칙으로 가치를 전달하는지 분명히 정의했다.

이제 다음 단계로 나아가야 한다. 기획이 완성되었다면, 그 가치를 받아들일 고객을 모을 차례다. 아무리 훌륭한 기획이라도 전달할 대상이 없다면 의미가 없다. 다음 장에서는 '꿈의 고객'을 어떻게 정의하고, 어디에서 찾으며, 어떤 방식으로 연결할 것인지 구체적으로 살펴보겠다.

2단계 : 타깃 고객을
명확하게 정의하기

 1단계에서 우리는 '내 사업이 이 세상에 꼭 존재해야 하는 이유'를 분명히 했다. 이제 해야 할 일은 단순하지만, 가장 중요하다. 그 이유에 공감하고 실제로 우리를 찾아올 사람, 다시 말해 우리만의 타깃을 정하는 일이다. 나는 이들을 '꿈의 고객'이라 부른다.

 꿈의 고객이 많은 사업은 잠시 흔들릴 수는 있어도 쉽게 무너지지 않는다. 매출이 매달 크게 요동치지 않고, 그들은 꾸준히 상품과 서비스를 구매한다. 자발적으로 주변에 소문을 내며 선순환을 만든다. 그래서 2단계는 사업의 심장과도 같다. 여기서 방향을 제대로 잡으면 이후 단계는 훨씬 수월해진다.

 처음 사업을 시작했을 때 나는 이렇게 생각했다.

 "고객은 많을수록 좋은 것 아닌가?"

 틀린 말은 아니다. 고객이 많으면 매출이 오르는 것이 사실이다. 그래서 나는 찾아오는 고객을 모두 받으려 했다. 첫 고객은 가격을 할인해 계약했고, 방향성이 맞지 않는 요청도 억지로 맞추며 일을 진행했다. 겉으로는 매출을 지키기 위한 합리적인 선택처럼 보였다.

그러나 시간이 갈수록 문제가 드러났다. 사업의 방향은 점점 흐려졌고, 에너지는 빠르게 소진되었다. 문제 해결은 느려졌고, 하루 종일 전화에 매달리며 감정 소모는 커졌다. 특히 만족도가 낮은 고객일수록 연락은 더 잦았다. 급한 일이라며 수시로 전화를 걸었고, 나의 시간과 집중력을 갉아먹었다.

그때 깨달았다. 고객이 많아서 버거운 것보다, 맞지 않는 고객 때문에 내 사업이 무너질 수 있다는 사실이다. 결국 나는 방향이 맞지 않는 고객에게 정중히 양해를 구하고 계약을 종료했다. 매출의 큰 비중을 차지하던 고객이었기에 두려웠지만, 그 결정은 사업의 방향을 지키는 첫걸음이 되었다. 이후 나는 단 하나의 기준을 세웠다.

"이 고객은 우리의 방향성에 공감하는가?"
"이 관계는 서로에게 윈윈인가?"

이 기준을 세우자 신기하게도 결이 맞는 고객이 하나둘 늘어나기 시작했다.

모든 고객을 잡으려는 순간, 아무도 제대로 잡지 못한다

그렇다면 꿈의 고객을 정확히 정하면 무엇이 달라질까? 거의 모든 것이 달라진다. 앞으로 어떤 콘텐츠를 만들어야 할지 자연스럽게 보인다. 그들이 어떤 감정에서 결제 버튼을 누르는지, 어떤 말투와 어떤 비유에 반응하는지 선명해진다.

더 이상 불특정 다수를 향해 "우리 제품이 최고입니다."라고 외칠 필요가 없다. 대신 "지금 이런 상황에 놓인 당신에게 이게 필요합니다."라고 말할 수 있다. 그리고 그 한 사람에게 정확히 닿은 메시지는 비슷한 문제를 가진 수많은 사람에게 퍼져 나간다.

이 과정이 쌓이면 광고비를 크게 늘리지 않아도 문의가 늘고, 재구매가 발생한다. 눈에 보이지 않는 입소문도 자연스럽게 작동하기 시작한다.

그렇다면 이토록 중요한 꿈의 고객은 어떻게 정해야 할까?

답은 생각보다 단순하다.
이 두 가지만 먼저 생각해 보면 된다.

첫째, 내 상품은 누구에게 정말 필요한가?
둘째, 어떤 상황과 타이밍에 나를 만나야 가치가 극대화되는가?

예를 들어 건강 코칭을 한다면, 운동 의지는 생겼지만 무엇부터 해야 할지 몰라 정보를 찾고 있는 직장인이 꿈의 고객이 될 수 있다.

나와 같은 방향의 마케팅 회사라면, 과거에 마케팅 업체에 실망했거나 여러 곳을 경험했지만 만족하지 못했던 사업자가 꿈의 고객일 수 있다.

아토피 아이를 위한 스킨케어라면, 밤마다 아이가 긁어 잠을 설쳐 본 30대 초반의 엄마가 꿈의 고객일 수 있다.

만약 꿈의 고객을 정하는 일이 어렵게 느껴진다면, '과거의 나'를 떠올려 보자. 대부분의 경우, 내가 바로 꿈의 고객이었던 시기가 있다. 내가 만든 7단계 마케팅 시스템 역시 과거의 나에게 필요했던 해결책이었다. 시행착오를 겪으며 내 문제를 해결하는 과정에서 만들어진 구조다.

결국 과거의 나와 같은 상황에 놓인 사람들이 곧 꿈의 고객이 된다.

꿈의 고객은 최대한 구체적으로 설정해야 한다. 나와 비슷한 한 사람을 선명하게 그려 보자. 그러면 대한민국 5,000만 인구 중 비슷한 생각과 상황을 가진 사람들이 자연스럽게 모인다. 타깃은 좁아진 것 같지만, 오히려 시장은 더 깊어지고 단단해진다. 사람은 자신을 정확히 이해해 주는 사람에게 마음을 열기 때문이다.

단, 여기서 반드시 지켜야 할 원칙이 있다. 절대로 머릿속으로만 추측하고 단정 짓지 말 것. 반드시 그들이 모여 있는 커뮤니티와 SNS를 직접 찾아가야 한다.

예를 들어 유튜브 조회수가 높은 영상의 댓글을 보면 그들이 사용하는 실제 언어가 보인다. 그런 표현을 수집하고, 직접 써 보며 정리해야 한다. 생각은 흐릿하지만, 글로 쓰는 순간 뇌가 정리되기 시작한다. 하나씩 적다 보면 해결의 실마리가 보이고, 그들에게 진짜 필요한 것이 드러난다.

나는 이 과정을 체계화하기 위해 '꿈의 고객을 정의하는 열세 가지 질문'을 만들었다. 단 한 명의 꿈의 고객을 정하기 위해, 아래 질문에 스스로 답해 보길 바란다.

꿈의 고객을 정의하는 열세 가지 질문

1. 누가
2. 언제
3. 어디서
4. 무엇을 원하나?
5. 어떻게 시도 중인가?
6. 왜 그걸 원하는가?
7. 겉으로 드러나지 않는 고통은 무엇인가?
8. 진짜 되고 싶은 모습은 무엇인가?
9. 어떤 언어를 쓰는가?
10. 자신의 문제를 어느 정도 자각하고 있는가?
11. 절대 다시 겪고 싶지 않은 과거는 무엇인가?
12. 지금 당장 움직이지 못하는 이유는 무엇인가?
13. 결국 결정을 내리는 순간은 언제인가?

이 질문을 더 구체화하면 다음과 같다.

1. 지금, 내가 진짜 도와줄 수 있는 단 한 사람은 누구인가?

2. 이 사람은 어떤 상황과 타이밍에서 나를 만나게 되는가?

3. 이 사람은 지금 어떤 시장 안에서, 어떤 위치에 서 있는가?

4. 이 사람이 가장 간절히 해결하고 싶은 한 가지는 무엇인가?

5. 지금은 그 문제를 어떤 방식으로 해결하려 하고 있는가?

6. 왜 지금 그 문제를 해결하려 하는가? 진짜 이유는 무엇인가?

7. 말로는 표현하지 않지만, 속으로 가장 고통스러운 지점은 어디인가?

8. 이 사람이 진짜로 원하는 미래의 모습은 무엇인가?

9. 실제로 어떤 말과 키워드로 자신의 문제를 표현하는가?

10. 자신의 문제를 어느 정도까지 인식하고 있는가?

11. 다시는 겪고 싶지 않은 실패 경험은 무엇인가?

12. 마음은 있지만 결정을 미루게 만드는 내면의 저항은 무엇인가?

13. 결국 지갑을 여는 순간에 작동하는 감정은 무엇인가?

각 질문에 하나에서 세 개씩 구체적으로 답해 보자. '직장인'이 아니라 '상반기 평가를 앞두고 야근이 늘어난 3년 차 마케터'처럼 써야 한다. '아픈 아이를 둔 엄마'가 아니라 '밤 2시에 아이가 긁어 잠을 깨우는 34세 엄마'처럼 묘사해야 한다. 소설처럼 구체적일수록 좋다. 그 디테일이 우리의 카피가 되고, 사진의 구도가 되고, 영상의 오프닝이 된다.

이렇게 정리한 열세 가지 답변을 바탕으로 챗GPT와 대화를 나눠 보자. 아래 프롬프트를 그대로 활용해도 좋다.

[챗GPT 프롬프트]

"다음은 내가 작성한 꿈의 고객에 대한 열세 가지 질문의 답변 리스트야. 이걸 바탕으로 실제 인물처럼 구체적으로 묘사된 '단 한 명의 꿈의 고객' 페르소나를 만들어줘.

성별, 나이, 직업, 라이프스타일, 고민, 심리 상태, 사용하는 말투, 현재의 시도, 내 제품을 만나기 전과 후의 변화를 한 사람의 이야기처럼 표현해줘."

이 과정을 거치면 상상 속 인물이 아니라, 눈앞에 실제로 존재하는 한 사람이 그려진다. 그 사람의 하루가 보이고, 검색창에 입력하는 단어가 보이며, 어떤 말에 마음이 움직이는지까지 느껴진다.

"꼭 이렇게까지 세밀하게 정해야 할까요?"

나도 처음에는 그렇게 생각했다.

그러나 대충 설정했을 때는 오히려 고객이 오지 않았다. 오더라도 문제가 생겼다. 나와 맞지 않는 고객과의 거래는 생각보다 훨씬 고통스럽다.

사업 초기, 나는 모든 고객을 받겠다는 생각으로 움직였다. 문의가 오면 무조건 계약하려 했고, 어떤 조건이든 맞추려 했다. 그중 일부는 자신의 사업을 스스로 고민하려 하지 않았고, 단기적인 결과만을 원했다. "상위 노출 좀 해 주세요.", "1등에서 떨어졌는데 매출이 줄 것 같아요." 나는 데이터와 구조를 설명하며 장기 전략을 제안했다.

그러나 돌아오는 답은 늘 같았다.

"일단 상위 노출부터 해 주세요."

그때 알았다. 이건 전략의 문제가 아니라 방향의 문제다. 그들은 결과를 사고 싶어 했고, 나는 시스템을 만들고 싶어 했다. 결국 기대는 어긋났고, 만족은 낮아졌다.

반대로, 철학에 공감하는 고객과 일할 때는 완전히 달랐다. "이건 단순한 광고가 아니라 구조를 바꾸는 작업이군요." 그 한 문장으로 관계의 깊이가 달라졌다. 회의는 토론이 되었고, 제안은 도전이 되었다. 서로가 성장했다.

이런 고객은 단 한 명이어도 충분하다. 그 한 명이 또 다른 한 명을 데려온다. 그들의 네트워크가 곧 마케팅이 된다.

타깃을 좁히는 것은 시장을 줄이는 것이 아니라,
관계를 깊게 만드는 일이다.

그래서 나는 확신한다. 꿈의 고객을 정하는 일은 단순한 마케팅 전략이 아니라, 사업 생존의 기본이다. 우리가 이렇게까지 구체적으로 설정하는 이유는 100% 일치하는 사람을 찾기 위해서가 아니다. 70~80%라도 결이 맞는 사람과 함께하기 위해서다. 그 정도면 충분하다.

2단계의 목표는 불특정 다수가 아니라 단 한 사람을 정하는 것이다. 그 한 사람이 선명해지면 메시지가 깊어진다. 메시지가 깊어지면 관계가 생긴다. 관계가 생기면 재구매가 일어난다. 이 구조가 만들어지면 사업은 J 커브를 그리며 성장한다.

이제 다음 장에서는, 이렇게 정해진 단 한 사람을 실제로 우리 앞으로 데려오는 방법, 즉 꿈의 고객이 스스로 다가오게 만드는 콘텐츠 구조를 이야기해 보겠다.

3단계 :
콘텐츠 운영 체계 세우기

사업을 위해 콘텐츠를 올려 본 사람이라면 이런 고민을 해봤을 것이다.

"열심히 콘텐츠를 올리는데 왜 반응이 없을까?"
"조회수도 안 나오고, 고객 문의도 없고, 도대체 뭐가 문제지?"

나 역시 그랬다. 블로그를 시작했을 때, 유튜브를 열었을 때, 처음에는 모든 것이 낯설고 막막했다. 내 말을 들어줄 사람은 아무도 없는 것만 같았다.

우리가 만드는 콘텐츠의 진짜 목적은 단순히 조회수를 올리는 것이 아니다.

진짜 목적은 꿈의 고객에게 닿는 것이다.

물론 조회수가 높으면 많은 사람이 본다. 그 안에는 분명 나의 꿈의 고객도 섞여 있을 것이다. 하지만 조회수를 올리기 위해 춤을 추거나, 내 사업과 전혀 관련 없는 콘텐츠를 만드는 것은 옳지 않다. 그런 콘텐츠는 일시적인 호기심만 자극할 뿐이다. 조회수는 높을지 몰라도, 그것을 보고 내 상품을 구매하는 사람은 거의 없다. 영상이 내 가치와 연결되어 있지 않기 때문이다.

이 점을 이해하면 앞으로 어떤 콘텐츠를 올려야 할지 방향이 명확해진다. 대부분의 사람은 '더 많은 사람에게 보여주는 것'이 성공이라고 생각한다.

그러나 그것은 단기적인 착각이다. 춤을 추는 영상 조회수 10만 회보다, 내 메시지를 진심으로 듣는 단 한 명의 고객이 훨씬 더 가치 있다. 그 한 사람이 내 상품을 구매하고, 나를 신뢰하며, 다른 사람에게 추천하고, 결국 브랜드를 만들어 줄 수 있기 때문이다.

내 유튜브 구독자 수는 이 글을 쓰는 현재 약 2,000명 정도다. 하지만 나는 이 숫자가 부끄럽지 않다. 내 영상을 끝까지 보는 사람들은 대부분 내 이야기, 내 가치관, 내 일하는 방식에 공감한 사람들이다. 지금도 내 영상을 보며 "마케팅을 공부하고 있어요.", "저도 마케팅 회사를 운영하고 싶어요.", "마케팅 관련 상담을 받고 싶어요."와 같은 연락이 꾸준히 오고 있다.

그리고 그중 일부는 실제 고객으로 이어졌다. 단 하나의 영상이 곧바로 계약으로 연결된 경우도 있었다.

유튜브 영상을 보고 진정성이 느껴졌다며 통화를 하자마자 사무실로 찾아오겠다고 한 사람도 있었고, 20년 만에 처음으로 마케팅을 시작한 한 업체와 인연이 되어 지금까지 협력 관계를 이어오고 있다. 조회수 500회 남짓한 영상 하나로 약 800만 원의 매출이 발생하기도 했다.

하지만 많은 사람은 콘텐츠를 그저 홍보 수단으로만 본다.

"우리 회사는 이렇다."
"우리 제품은 이런 장점이 있다."

물론 그런 콘텐츠도 필요하다. 하지만 고객의 마음을 여는 영역은 전혀 다르다. 요즘 소비자는 매우 똑똑하다. 광고 냄새가 조금이라도 나면 3초 안에 스크롤을 내리거나 뒤로 가기를 누른다. 소비자들은 광고 자체를 싫어한다기보다, '나와 관련 없는 광고'를 싫어한다.

그래서 나는 언제나 이렇게 말한다.

"상품을 홍보하기 전에, 고객의 문제를 먼저 해결해야 합니다."

콘텐츠의 본질은 문제 해결이다

현재 나는 전체 콘텐츠를 홍보 20%, 고객 문제 해결 80%의 비율로 운영하고 있다. 홍보 콘텐츠는 내 상품과 서비스의 강점을 명확히 보여 주며 전환을 만들어 내는 역할을 한다. 반면 고객 문제 해결 콘텐츠는 사람들을 채널로 데려오는 역할을 한다.

채널에 홍보만 가득하다면 사람들은 금세 등을 돌린다. 하지만 자신의 문제를 해결해 주는 콘텐츠가 있다면 사람들은 머물고, 반복해서 찾게 된다. 이런 유입 콘텐츠의 핵심은 도움이다. 고객이 겪고 있는 문제, 고민, 막연한 궁금증을 먼저 해결해 주는 것. 사람들은 도움을 받기 위해 채널을 찾고, 도움을 주는 사람을 신뢰한다. 그리고 그 신뢰가 쌓이면 전환은 설득 없이도 자연스럽게 일어난다.

다만 문제 해결 콘텐츠만으로는 언젠가 소재가 고갈된다. 다룰 수 있는 주제에는 분명 한계가 있기 때문이다. 그래서 유입 콘텐츠에서는 주제 확장이 필요하다.

여기서 핵심은 업종을 벗어나는 것이 아니라, 업종과 결이 맞는 방향으로 범위를 넓히는 것이다. 예를 들어 마케팅 업종이라면 단순한 마케팅 기법을 넘어 사업, 돈, 일의 태도, 사고방식 같은 주제로 확장할 수 있다.

피부 업종이라면 시술 이야기뿐 아니라 젊어 보이는 습관, 이미지 관리, 일상 루틴처럼 관심사를 넓혀갈 수 있다. 이렇게 확장된 주제는 더 많은 사람을 채널로 데려오고, 그들이 다른 콘텐츠를 소비하며 자연스럽게 전환 지점으로 이동하게 만든다.

중요한 것은 주제를 넓히되 타깃 고객과의 연결고리를 놓치지 않는 것이다. 앞서 예로 든 피부 업종이 주제 확장을 이유로 맛집이나 먹방 콘텐츠를 올린다면 조회수는 나올 수 있다. 그러나 업종과 무관한 주제는 전환으로 이어지지 않는다.

결국 유입 콘텐츠의 목적은 단순한 숫자가 아니라, 전환 가능한 사람을 데려오는 데 있다. 이 구조가 쌓이면 지갑이 열리는 순간은 억지로 만들어

내는 결과가 아니라, 신뢰가 충분히 축적된 끝에 자연스럽게 찾아온다.

여기까지의 이야기를 들으면 이런 오해를 할 수도 있다.

"그럼 조회수는 중요하지 않다는 건가요?"

아니다. 조회수는 중요하다. 다만 '나와 결이 맞는 사람들의 조회수'여야 한다. 조회수가 많더라도 그 안에서 꿈의 고객의 신뢰를 얻지 못한다면 아무 의미가 없다. 반대로 꿈의 고객에게 닿는 콘텐츠는 처음에는 조회수가 낮더라도 시간이 지날수록 복리처럼 쌓인다.

콘텐츠는 설득하는 도구가 아니라, 공감하는 사람을 찾는 장치다.

그래서 나는 콘텐츠를 기획할 때 언제나 꿈의 고객을 가장 먼저 떠올린다. "고객이 지금 겪고 있는 문제는 무엇인가?", "지금 이 상황에서 어떤 제목과 내용이 필요할까?", 이 질문이 콘텐츠의 방향을 결정한다.

고객은 자신이 이해받는다고 느낄 때
비로소 마음을 연다

고객을 공감하는 순간 콘텐츠는 광고가 아니라 대화가 된다. 이 대화 속에서 관계가 형성되고, 그 관계는 신뢰로 발전한다. 신뢰가 쌓이면 팬이 생기고, 팬이 생기면 조회수도 따라온다. 내 콘텐츠를 본 한 사람이 댓글을 남긴다. "이거 진짜 제 이야기 같아요.", "요즘 제 상황이랑 너무 똑같아요." 이 한 줄의 댓글이 공감의 시작이다.

공감은 한 사람의 진심에서 또 다른 사람의 진심으로 번져 간다. 한 사람의 감정이 다른 사람의 감정을 흔들고, 그 에너지가 또 다른 사람의 마음으로 확산된다. 이것이 콘텐츠가 만들어 내는 힘이다.

이런 콘텐츠를 발행하면서 최근 나에게 인상 깊은 경험이 하나 있었다.

부모님이 청년 시절부터 교류하시던 목사님이 계셨다. 나는 어릴 때부터 그 교회에 자주 놀러 갔고, 군 제대 후에도 인사를 드리러 찾아뵌 적이 있다. 그런데 어느 날 목사님께서 사무실로 찾아오겠다고 연락을 주셨다. "요즘 유튜브 잘 보고 있는데 정말 깜짝 놀랐어.", "영상들을 보면서 내 인생을 다시 돌아보게 되었네." 20년 넘게 목회를 해온 목사님이 내 콘텐츠를 보고 감동을 받았다고 했다.

목사님은 충북 음성에서 3시간을 달려 직접 사무실로 찾아오셨다. 우리는 콘텐츠와 삶에 대해 오랜 시간 이야기를 나눴다. 그때 나는 콘텐츠는 나와 같은 생각을 가진 사람을 모으는 일이라는 것을 진심으로 깨달았다. 목사님이 나를 찾아온 이유는 단순했다. 생각의 결이 같았기 때문이다. 내 영상 속 메시지와 태도, 철학이 그분의 마음을 건드린 것이다. 조회수는 높지 않았지만, 그 안에서 한 사람의 인생과 깊이 연결될 수 있었다.

이보다 강력한 콘텐츠의 힘이 또 있을까.

내가 세상에 던진 이야기가 누군가의 마음을 건드린다면, 그것은 이미 성공이다. 그것이 콘텐츠 시스템의 진짜 시작이다. 콘텐츠는 고객을 설득하는 도구가 아니라, 같은 생각을 가진 사람을 끌어당기는 자석이다. 그 자석의 힘은 편집 기술이나 광고비가 아니라 진정성에서 나온다.

진심으로 연결된 고객이 많아질수록 나와 고객 사이의 신뢰는 깊어진다. 그 신뢰가 곧 내 사업을 지탱하는 기반이 된다.

내가 지금 이 책을 쓰고 있는 이유도 같다. 이 책은 나와 공감할 수 있는 꿈의 고객을 단 한 사람이라도 더 만나기 위해 쓰고 있다. 나와 같은 고민을 하며, 자기 일을 더 잘하고 싶고, 진정성 있는 브랜드를 만들고 싶은 그 한 사람에게 닿기를 바라며 이 글을 쓴다.

그 사람이 이 글을 읽고 "그래, 나도 이렇게 해봐야겠다."라고 마음먹는다면, 이 책의 역할은 이미 충분하다.

4단계 : 전환을 만드는 랜딩페이지 설계

콘텐츠 시스템을 통해 꿈의 고객이 내 영상, 글, 블로그, SNS를 보고 랜딩페이지로 들어왔다는 것은 이미 절반 이상 성공한 셈이다. 단순한 유입이 아니라, 내 이야기에 공감하고 나의 철학과 방향성에 끌려 스스로 찾아온 고객이기 때문이다.

랜딩페이지는 이 고객이 다음 단계로 자연스럽게 이동해 지갑을 열도록 만드는 가장 중요한 관문이다. 고객의 마음을 여는 첫 번째 문이자, 마케팅 시스템 전체를 연결하는 중간 허브다.

나는 이 랜딩페이지 작성 방법 하나로 마케팅 회사를 시작했다. 단 한 번도 직접 영업 전화를 하지 않았다. 그런데도 고객이 먼저 연락했고, 결제를 먼저 한 뒤 "상담을 받고 싶습니다."라고 말하는 사람도 있었다. 처음에는 나 역시 믿기 어려웠다.

"이게 정말 랜딩페이지 하나의 힘으로 가능한 일인가?"

하지만 같은 패턴이 반복되는 것을 보며 확신하게 되었다. 랜딩페이지는 단순한 소개 글이 아니라, 나 대신 24시간 일하는 영업사원이라는 사실이다.

실제로 나는 이 방법으로 사업자 등록 첫 달부터 매출을 만들었고, 꾸준히 문의가 들어오는 구조를 구축했다. 전자책을 출간해 판매로 이어지기도 했고, 1인 마케팅 대행사 강의를 론칭해 수강생을 모집하기도 했다.

사람은 스스로 결정했다고 느낄 때 훨씬 높은 만족감을 경험한다고 한다. 하버드 비즈니스 스쿨의 마이클 노튼 교수 연구팀의 실험에서도 이 내용이 확인된다. 참가자들은 자신이 직접 조립한 IKEA 가구를 훨씬 더 높게 평가했고, 더 큰 애착을 보였다. 이를 'IKEA 효과'라고 부른다.

그래서 랜딩페이지의 목적은 단순한 설명이 아니다. 고객이 스스로 선택했다고 느끼게 만드는 것이다. 나의 서비스를 고민 끝에 억지로 결정한 선택이 아니라, 내가 찾던 것을 드디어 발견했다고 느끼게 하는 구조를 설계하는 일이다.

이 구조가 완성되면 고객은 자연스럽게 다음 단계를 밟는다. 그리고 이 과정은 내가 자고 있을 때도, 운동을 할 때도, 여행을 가 있을 때도 계속된다. 따라서 랜딩페이지는 반드시 구조화해 작성해야 한다.

"그렇다면 그 구조는 어떻게 만들어야 할까?"

지금부터 랜딩페이지 작성 방법 11단계를 하나씩 살펴보자.

고객의 마음을 움직이는 랜딩페이지 11단계

1. 제목 – 클릭을 부르는 강렬한 첫인상

제목은 단순한 문장이 아니다. 고객의 마음을 문 앞까지 끌어오는 힘이다. 제목을 보는 순간 고객은 단 두 가지 중 하나를 느낀다. "이건 내 이야기다." 혹은 "나와는 상관없다." 여기서 후자라면, 고객은 망설임 없이 뒤로 가기를 누른다.

그래서 제목은 추상적이어서는 안 된다. 고객의 현재 상태와 고민을 가장 구체적인 언어로 드러내야 한다. 잘 쓴 제목 하나가 랜딩페이지 전체 성패의 절반을 좌우한다고 해도 과장이 아니다. 제목은 설명이 아니라 선택을 만드는 문장이다.

2. 문제 제시 – 고객의 불편을 정확히 짚기

고객은 해결책을 찾기 전에, 먼저 자신의 문제가 정확히 이해받고 있다고 느끼길 원한다. "그렇지? 지금 이 문제 때문에 힘들지?" 이 감정이 생기는 순간, 글은 힘을 얻는다.

문제 제시는 단순한 상황 설명이 아니다. 고객의 불편과 답답함을 언어로 대신 표현해 주는 과정이다. "맞아, 이게 내 상황이야."라는 공감이 형성되면, 고객은 자연스럽게 다음 문장을 읽는다. 여기에 실제 사례나 짧은 해결 경험이 더해지면 기대감은 더욱 커진다.

3. 스토리 - 공감과 희망 심기

이 단계는 감정적 연결을 만드는 구간이다. 사람은 논리보다 이야기에서 마음을 연다. "나도 당신과 같은 사람이었지만, 이 과정을 통해 해결했다." 이 메시지가 신뢰의 출발점이 된다.

우리가 두 시간짜리 영화를 끝까지 볼 수 있는 이유도 스토리 때문이다. 랜딩페이지 역시 마찬가지다. 고객이 나와 연결될 수 있는 경험을 진솔하게 보여줄 때, 글은 단순한 정보 전달을 넘어 희망을 제시하는 장치가 된다. 공감은 신뢰를 만들고, 신뢰는 결정을 준비시킨다.

4. 가치 증명 - 객관적 근거 제시

공감과 스토리만으로는 결제가 일어나지 않는다. 고객은 반드시 이렇게 묻는다. "정말 효과가 있을까?", "나에게도 적용될까?" 이 질문에 답하지 못하면 감정은 생겨도 행동은 나오지 않는다.

가치 증명은 바로 이 의심을 줄이는 단계다. 실제 수치, 전후 비교, 반복된 사례, 후기와 같은 객관적 근거는 불안을 빠르게 낮춘다. 중요한 것은 단순히 자료를 나열하는 것이 아니라, 가능성을 확신으로 전환하는 것이다. 고객이 "나도 되겠다."라고 느끼는 순간, 결제는 한 걸음 가까워진다.

5. 지름길 안내 - 시행착오를 줄이는 방법 제시

고객은 정보를 사는 것이 아니라 시간을 산다. 시간은 곧 기회이자 비용이다. 혼자 헤매며 몇 달을 보내는 것과, 이미 길을 걸어본 사람이 핵심만 짚어주는 것은 전혀 다른 결과를 만든다.

지름길 안내의 핵심은 검증된 경로를 보여주는 것이다. "당신이 혼자 했다면 1년은 걸릴 일을, 3개월 안에 결과로 만들 수 있습니다." 이 문장은 단순한 약속이 아니라 시행착오 제거에 대한 제안이다. 고객은 속도를 사는 것이고, 그 속도에 기꺼이 비용을 지불한다.

6. Q&A – 의심을 미리 해소하기

고객은 결제 직전까지도 마음속에 질문을 품고 있다. "혹시 효과가 없으면?", "초보자인데 가능할까?" 이 질문이 해결되지 않으면 행동은 멈춘다.

그래서 Q&A는 고객의 머릿속에서 맴도는 망설임을 대신 꺼내 정리해주는 과정이다. 예상 질문을 선제적으로 제시하고, 구체적이고 현실적인 답을 덧붙이면 심리적 저항은 크게 낮아진다. 의심이 줄어들수록 결정은 쉬워지고, 행동은 자연스럽게 이어진다.

7. 혜택 안내 – '안 할 이유가 없네.'라는 감정 만들기

혜택 안내 단계의 목적은 단 하나다. "이 정도면 안 할 이유가 없네."라는 감정을 만드는 것이다. 그 순간, 결제는 거의 끝에 가까워진다.

고객은 예상하지 못한 이득을 받을 때 선택의 가치를 더 크게 느낀다. 중요한 것은 혜택의 개수가 아니라, 지금 이 선택이 얼마나 유리한지 체감하게 만드는 것이다. 혜택은 기능 설명이 아니라 결정의 무게를 기울이는 장치다.

8. 감정 자극 – '내가 선택했다.'라는 감정 강화

사람은 설득당한다고 느끼면 방어하지만, 스스로 선택했다고 느끼는 순간 그 결정에 애착을 갖는다. 그래서 이 단계의 핵심은 압박이 아니라 선택권을 주는 구조다.

"이 문제는 사실 여러 방법으로 해결할 수 있습니다." 이 한 문장만으로 시작해도 고객의 심리적 저항은 낮아진다. 그리고 나서 자연스럽게 나의 상품을 제안한다. "그러나 만약 시간을 아끼고 시행착오를 줄이고 싶다면, 저는 이런 방식으로 도와드릴 수 있습니다." 이때 고객은 설득당했다고 느끼지 않는다. 대신 여러 선택지 중에서 지금 자신에게 맞는 것을 고른다고 느낀다. 결국 이 감정이 상품에 대한 만족도를 높일 수 있다.

9. 불안 해소 – 위험 부담 제거

고객은 당신을 믿지 못해서 망설이는 것이 아니다. 잘못된 선택을 할까 봐 두려운 것이다. 그래서 환불 보장, 체험 기간, 초기 취소 안내는 심리적 안전장치다. 불안이 줄어들면 행동 속도는 자연스럽게 빨라진다.

많은 사람이 환불 보장을 손해로 생각한다. 그러나 실제로는 그렇지 않다. 진짜로 서비스를 필요로 하는 고객은 환불을 거의 요청하지 않는다. 오히려 환불 가능하다는 사실이 구매 결정을 쉽게 만든다.

환불은 손해가 아니라 필터다. 맞지 않는 고객이 초기에 이탈하는 것은 장기적으로 더 건강한 구조를 만든다. 결국 환불 제도는 신뢰를 높이고, 적합한 고객만 남기는 안전장치다.

10. 행동 유도 – 단순하고 명확한 CTA

CTA(Call To Action)는 고객이 실제 행동을 하도록 만드는 마지막 관문이다. 많은 사람들이 마지막에 설명을 덧붙이며 길게 안내하려 하지만, 그 순간 CTA는 행동 유도가 아니라 고민 유도가 되어버린다.

사람의 뇌는 복잡한 지시를 피한다. 선택지가 많아지면 멈추고, 설명이 길어지면 피로해진다. 그래서 CTA는 짧고 명확해야 한다. "1초 만에 상담 신청하기", "2주 만에 변화하기" 등처럼 생각보다 손이 먼저 움직이게 만드는 문장이어야 한다. CTA의 목적은 고객의 행동을 빠르게 유도하는 것이다.

11. 한정 효과 – 긴급성 부여

한정 효과는 행동의 타이밍을 더 앞당기는 장치다. 사람은 이득보다 손해를 더 크게 인식한다. 그래서 "곧 마감됩니다.", "이번 기수는 정원이 제한됩니다."라는 문장은 평소보다 강한 반응을 이끌어낸다. 놓칠 수 있다는 감정이 행동 속도를 높이기 때문이다.

하지만 한정 효과는 진짜일 때만 힘을 가진다. 근거 없이 반복되는 '마감 임박' 문구는 오히려 신뢰를 깎는다. 한 번 의심이 생기면 다시 설득하기 어렵다. 그래서 한정 효과는 실제 인원 제한이나 기간이 존재할 때 사용해야 한다.

고객의 마음을 움직이는 랜딩페이지 11단계 – 적용 예시

1. 제목

광고비 없이 매달 고객이 찾아오는 7단계 마케팅 시스템

2. 문제 제시

광고를 돌려도 문의는 들쭉날쭉하고,
결국 내가 직접 영업을 해야 계약이 되는 구조에 지치지 않으셨나요?

열심히 콘텐츠를 올리는데도 매출까지 연결되지 않는다면,
문제는 노력이 아니라 구조일 수 있습니다.

3. 스토리 – 공감과 희망

저 역시 처음에는 직접 연락하고 설득해야만 계약이 되는 사람이었습니다. 하지만 랜딩페이지 구조를 설계한 뒤, 고객이 먼저 결제하고 "상담을 받고 싶다."고 말하는 흐름이 만들어졌습니다. 직접 영업을 하지 않아도 매출이 발생하는 구조가 가능하다는 것을 그때 처음 알았습니다.

4. 가치 증명 – 객관적 근거 제시

– 사업자 등록 첫 달부터 매출 발생 후, 10개월 만에 1억 매출 달성
– 전자책 출간 후 자동 판매 시스템 구축
– 강의 론칭 후 모집 마감 경험

이 구조는 한 번이 아니라 반복적으로 작동했습니다.

5. 지름길 안내 – 시행착오 단축

혼자 하면 적어도 3년은 시행착오를 겪어야 배울 수 있는 구조를
이 프로그램에서는 10주 안에 설계합니다.

이미 제가 검증한 순서대로 따라오면
잘못된 방향으로 헤매는 시간을 줄이고 바로 실행할 수 있습니다.

6. Q&A – 의심 해소

Q. 마케팅 초보도 가능한가요?
A. 오히려 기존 습관이 없는 분들이 더 빠르게 적용했습니다.

Q. 효과가 없으면 어떻게 되나요?
A. 7일 이내 적용 후 만족하지 못하면 100% 환불합니다.

7. 혜택 안내 – 선택 이유 강화

- 랜딩페이지 설계 템플릿 제공
- 고객 심리 흐름 체크리스트 제공
- 매월 1회 구조 피드백
- 실전 사례 분석 자료

단순 강의가 아니라, 바로 적용 가능한 설계 도구를 함께 제공합니다.

8. 감정 자극 – '내가 선택했다.'라는 감정

사실 이 방법이 모든 사람에게 맞는 것은 아닙니다.
직접 부딪히며 경험을 쌓는 방식을 선호한다면 다른 길이 더 맞을 수 있습니다.

하지만 시행착오를 줄이고 빠른 시간 내에
고객이 먼저 찾아오는 흐름을 만들고 싶다면,
지금 선택지는 분명합니다.

9. 불안 해소 – 위험 제거

이 프로그램은 7일 내 환불이 가능합니다.
실제로 필요하지 않다고 느껴지면 언제든 철회할 수 있습니다.

10. 행동 유도 – 단순한 CTA

당장 10주만에 나만의 마케팅 시스템 구축하기

11. 한정 효과 – 긴급성 부여

이번 기수는 다섯 명 한정입니다.
직접 피드백을 제공하기 때문에 정원이 차면 마감됩니다.
다음 모집은 3개월 뒤에 열립니다.

이 11단계 구조는 복잡한 기술이 아니라, 고객의 마음이 움직이는 흐름에 맞춰 글을 배치하는 설계다. 랜딩페이지의 목적은 설명이 아니라 감정을 만드는 것이며, 고객이 스스로 "이건 나에게 필요하다."라고 느끼게 하는 데 있다.

랜딩페이지는 나와 결이 맞는 고객만 남기는 관문 역할을 하기도 한다. 단계별 구조가 정교할수록 맞지 않는 고객은 자연스럽게 이탈하고, 공감하는 고객만 선택하게 된다.

11단계는 고정된 공식이 아니라 유연한 틀이다. 상황과 고객에 맞게 조정해야 하며, 다양한 사례를 분석하며 구조를 보는 연습이 필요하다.

5단계 :
신뢰가 쌓이는 구조 설계

고객이 처음 내 콘텐츠에 관심을 보이는 순간은, 마치 길을 걷다가 우연히 시선을 끄는 간판을 본 상황과 비슷하다. 그 순간 고객은 깊이 생각하지 않는다. 클릭 한 번, 스크롤 한 번, 영상 10초 시청. 그 짧은 순간들이 모여 고객과의 첫 접점이 된다.

그러나 그 접점은 결코 가볍지 않다. 그 몇 초 동안 고객은 나를 판단하고, 내 태도를 살피며, 나와 결이 맞는지 무의식적으로 가늠한다. 콘텐츠에서 랜딩페이지로 넘어온 고객은 이미 마음의 문을 아주 조금 열어 둔 상태다. 교육 시스템의 역할은 바로 그 작은 틈을 넓혀 내 사람으로 만드는 일이다.

예전에는 정보를 가진 사람만이 돈을 벌 수 있는 시대가 있었다. 그러나 지금은 완전히 다르다. 검색을 몇 번만 해도 웬만한 정보는 모두 나온다. 정보는 흔해졌고, 그 안에서 고객이 진짜로 원하는 것은 방향을 제시해 주는 사람이다.

정보의 시대는 끝났고, 방향의 시대가 시작되었다.

사람들은 귀찮음을 본능적으로 피한다. 정보를 찾고, 비교하고, 정리하는 과정을 번거롭게 여긴다. 그래서 누군가 대신 정리해 주고 방향을 잡아준다면 기꺼이 따른다. 그 역할이 바로 교육 시스템이다. 교육 시스템은 고객을 팬으로 만드는 본격적인 출발점이며, 고액 상품으로 자연스럽게 이어지는 중요한 구간이다.

그러나 팬을 만드는 데에도 원칙은 있다. 정보를 많이 준다고 신뢰가 쌓이는 것은 아니다. 중요한 것은 양이 아니라 설계다. 우리는 무작정 나누는 사람이 아니라, 의도를 가지고 경험을 전달하는 사람이어야 한다.

신뢰는 타이밍에서 시작된다

고객의 신뢰는 저절로 생기지 않는다. 고객이 진짜 원하는 것을 짚어주고, 스스로 문제를 깨닫게 하고, 도움이 되었다는 경험을 만들어야 한다. 이 차이가 팬을 만들고, 반복 구매를 만들고, 결국 오래 함께할 고객을 만든다. 그래서 나는 꿈의 고객에게만큼은 기꺼이 '전략적인 호구'가 되려고 한다.

이유는 단순하다. 사람들은 이미 알고 있다. 가치 있는 정보는 곧 시간이고, 시간은 곧 돈이라는 사실을 말이다. 그런데 그 돈이 되는 정보를 아낌없이 제공한다면 어떨까. 사람들은 자연스럽게 이렇게 생각한다.

"이 사람은 뭐지? 왜 이걸 공짜로 알려 주지?"

이 질문이 떠오르는 순간, 고객은 이미 나에게 관심을 두기 시작한 것이다. 가치 있는 정보를 제공받으면 감사함이 생기고, 감사함은 신뢰로 이어지며, 신뢰는 결국 지갑을 열게 만든다.

교육 시스템은 단 한 번의 노출이 아니라, 고객이 스스로 더 깊이 들어오고 싶도록 만드는 구조다. 그래서 나는 교육 시스템을 설계할 때 반드시 '4·11·7 원칙'을 기준으로 삼는다. '4개' 이상의 매체 노출, '11번' 이상의 접점, '7시간' 이상의 콘텐츠 소비.

고액 상품은 설득으로 팔리지 않는다.
반복 노출과 시간 속에서 결정된다.

우리가 활용할 수 있는 매체는 다양하다. 블로그, 유튜브, 인스타그램, 이메일, 스레드, 오픈 채팅, 광고 클릭, 후기, 무료 라이브 등. 그러나 여기서 중요한 것은 단순한 양이 아니다.

고객이 내 콘텐츠를 보는 순간 "이 사람은 내 문제를 정말 해결해 주려고 하는구나."라는 감정을 느껴야 한다. 단순히 보이기 위한 노출이 아니라, 고객의 문제를 해결하기 위한 노출이어야 한다. 그래야 고객은 나를 찾고, 교육 시스템은 제대로 작동한다.

교육 시스템이 제대로 작동하면 꿈의 고객은 단순한 팔로워에 머물지 않는다. '배우고 싶은 사람', '더 알고 싶은 사람', '팬이 될 준비가 된 사람'이 된다. 이메일을 신청하고, 전자책을 다운로드하고, 무료 강의 단체 채팅방에 들어온다. 이 모든 행동은 고객이 스스로 선택한 결과다. 끌려온 사람이 아니라, 스스로 걸어 들어온 사람이다. 이 차이는 이후 전환율을 완전히 다르게 만든다.

그 단계에 들어온 고객에게 우리가 해야 할 일은 단 하나다.

진짜 가치를 주는 것이다.

단순한 정보가 아니라, 내가 직접 시행착오를 겪으며 쌓은 경험, 현장의 노하우, 성공과 실패가 담긴 이야기. 이러한 요소들이 고객의 마음에 신뢰를 심는다. 고객은 이렇게 느낀다. "아, 이 사람은 정말 나에게 도움이 되고 싶어 하는구나." 이 말이 고객의 마음속에서 나오는 순간, 이미 절반은 이루어진 셈이다. 신뢰는 그렇게 쌓인다.

이는 내가 직접 지켜본 사례에서도 분명하게 드러난다.

크리투스(구 릴스해커) 대표의 이야기는 교육 시스템의 힘을 이해하는 데 좋은 예다. 이 책을 읽는 독자 중에도 그의 무료 강의나 릴스 분석 콘텐츠를 접해 본 사람이 있을 것이다.

그는 릴스 하나에 집중해 광고비 한 푼 쓰지 않고도 1,500명이 넘는 인원이 참여한 단체 채팅방을 네 개 이상 운영했다. 그 안에서 모인 사람들을 기반으로 강의를 열었고, 이후 법인을 설립해 지금의 '크리투스'라는 브랜드를 만들었다.

많은 사람은 그의 성공 이유를 "릴스를 잘 분석해서.", "릴스 알고리즘을 잘 이해해서.", "강의를 잘해서."라고 말한다. 물론 그런 요소도 영향을 미쳤을 것이다. 그러나 내가 보기에 그것이 본질은 아니다. 그의 진짜 힘은 교육 시스템에 있다.

그는 2023년부터 매주 월요일 저녁 8시, 단 한 번도 거르지 않고 무료 라이브 강의를 진행해 왔다. 생일에도, 공휴일에도, 개인 일정이 있어도 예외는 없었다. 심지어 참여자가 한 명뿐이어도 그 한 사람을 위해 몇 시간이고 라이브를 이어 갔다. 어느 날은 지인이 "자다가 깨서 들어갔는데 아직도 라이브를 하고 있더라."라고 말할 정도였다.

생각해 보자. 사람들은 왜 그를 신뢰할까. 왜 그에게 배우고 싶어 할까. 왜 단체 채팅방에 수천 명이 모일까. 답은 단순하다. 진정성이다. 말보다 행동이 앞서고, 그 행동이 일관되며, 고객이 필요할 때 항상 그 자리에 서 있는 사람. 그런 사람에게는 팬이 생길 수밖에 없다. 브랜딩은 결국 행동으로 증명하는 것이다.

그가 보여 준 것은 단순히 수익을 위한 교육이 아니라, 자신이 가진 사명을 행동으로 증명하는 모습이었다.

브랜딩은 말이 아니라 반복된 행동으로 완성된다.

나 역시 같은 방식으로 교육 시스템을 운영하고 있다. 매주 수요일 저녁, 단 한 명이 들어오더라도 강의를 하겠다는 마음으로 무료 라이브를 진행한다. 또한 지금 이 책을 쓰고 있는 와중에도 '7단계 마케팅 시스템' 무료 강의를 위해 단체 카톡방을 만들고 사람들을 모으는 중이다.

처음에는 의욕적으로 단체 채팅방을 홍보했지만, 4일 동안 단 한 명도 들어오지 않았다. 무료임에도 아무도 참여하지 않자 당황스러웠다. 그러나 포기하지 않았다. 무료 전자책을 다시 배포하고, 스레드를 꾸준히 올리며, 사람들과 계속 소통했다. 그 결과 지금은 약 900명이 무료 강의를 듣기 위해 대기하고 있다. 그중 일부만 내 꿈의 고객일지라도, 그 사람들과 깊은 관계가 형성될 것이라는 확신이 있다.

현재 내가 코칭하고 있는 사회 초년생 역시 이 교육 시스템 덕분에 매달 수익을 내고 있다. 그는 스레드에서는 결이 맞는 사람 2,000명을 꾸준히 모았다.

우리는 함께 1단계부터 5단계까지 시스템을 구축했고, 지금도 전환과 재구매 구조를 만들기 위해 지속적으로 소통하고 있다. 결국 중요한 것은 고객과의 관계다. 아무리 많은 사람이 스쳐 지나가더라도, 사업을 움직이는 힘은 나와 진짜로 연결된 꿈의 고객에게서 나온다.

고객과 신뢰를 만드는 교육 시스템 네 가지

콘텐츠와 랜딩페이지로 호기심과 관심을 만들었다면, 교육 시스템은 그것을 깊은 신뢰로 연결한다. 이 신뢰의 깊이를 이해하면 왜 교육 시스템이 사업의 핵심 단계인지 자연스럽게 알게 된다. 나는 교육 시스템을 크게 네 가지 방식으로 운영한다. 이메일, 전자책, 무료 라이브, 그리고 지금 쓰고 있는 종이책이다. 각각 접근 방식은 다르지만 목적은 같다. 고객이 스스로 나에게 가까워지도록 만드는 것이다.

그중 첫 번째 방법은 이메일이다. 눈에 띄는 방법은 아니지만 고객과의 관계를 안정적으로 이어 갈 수 있기 때문이다. 요즘은 이메일을 잘 보지 않는다고 말하지만, 여전히 읽는 사람은 분명히 존재한다. 업무상 이메일을 자주 확인하는 사람도 많다. 다만 홍보성 메일만 반복해서 보내지 않는다면, 꿈의 고객의 온도를 충분히 올릴 수 있다.

나는 이메일에서 상품 홍보부터 하지 않는다. 고객의 마음이 닫혀 있을 때 홍보는 아무 의미가 없기 때문이다. 대신 이메일을 칼럼처럼 활용한다. 내가 경험한 사례, 오늘 얻은 깨달음, 고객이 자주 겪는 문제에 대한 통찰, 관점의 전환이 필요한 순간 등을 담아 전한다.

그러면 고객은 이메일을 열 때마다 자연스럽게 기대하게 된다. 스팸 메일은 삭제되지만, 칼럼 메일은 한 번쯤 읽어 보게 된다.

이유는 단순하다. 광고는 일방적으로 말을 걸지만, 칼럼은 스스로 생각하게 만든다. 사람은 자신을 생각하게 만드는 사람을 쉽게 잊지 못한다. 이메일을 활용할 때 가장 추천하는 방식은 주기적인 칼럼 발송이다. 주 1회든, 2주 1회든 규칙적으로 이어질수록 효과는 커진다. 정해진 주기로 도착하는 메시지는 고객의 머릿속에 관계의 패턴을 만든다. 패턴은 신뢰를 낳고, 신뢰는 선택을 쉽게 만든다.

두 번째는 전자책이다. 영상 콘텐츠는 지하철이나 침대, 식사 중에도 무의식적으로 소비되는 경우가 많다. 빠르게 감정을 전달할 수는 있지만, 깊은 사고까지 이끌어 내지 못할 때도 있다.

반면 글은 다르다. 전자책을 읽으려면 잠시 멈춰야 한다. 스크롤을 멈추고, 문장을 따라가며, 의미를 이해하기 위해 한 번 더 생각한다. 전자책은 생각을 거쳐 받아들이는 콘텐츠다. 이 차이가 깊이를 완전히 바꾼다.

한 번 다운로드하면 10분, 30분, 길게는 몇 시간을 온전히 나와 함께 보내게 된다. 그 시간 동안 고객은 내 사고의 흐름을 따라오며, 내가 문제를 바라보는 관점과 판단 기준, 현장에서 쌓아 온 기준을 자연스럽게 체험한다.

전자책의 또 다른 장점은 접근성이다. 휴대전화만 있으면 언제 어디서든 읽을 수 있다. 종이책처럼 무겁지도 않고, 영상처럼 이어폰이 필요하지도 않다.

심리적 부담도 적다. 사람들은 책이라고 하면 막연한 부담을 느낀다. 그러나 전자책은 보통 20~50페이지 내외로 구성되어 있어 "한번 읽어 볼까?" 하는 마음으로 쉽게 시작한다. 가벼운 진입이 고객의 마음 깊숙이 들어가는 통로가 된다. 꿈의 고객은 전자책을 통해 정보를 얻는 동시에, 그것을 정리해 준 사람에게 고마움을 느낀다. 그리고 그 고마움은 신뢰로 이어진다.

전자책을 쓴다고 해서 어렵게 생각할 필요는 없다. 이메일 한 편이 칼럼이라면, 전자책은 그 칼럼들을 하나의 흐름으로 정리한 결과물이다. 내가 겪은 시행착오, 꿈의 고객이 가장 절실하게 해결하고 싶은 문제를 체계적으로 묶으면 된다. 이메일 제목을 목차로 삼고 내용을 확장해 나가면 전자책은 생각보다 수월하게 완성된다.

나는 지금까지 세 권의 전자책을 만들었다. 100페이지가 넘는 책도 있었고, 80페이지 정도로 줄인 책도 있었다. 마지막에는 핵심만 담은 50페이지 분량의 전자책을 만들었다. 여러 형태를 시도하며 깨달은 점은 길이가 아니라 밀도가 중요하다는 사실이다.

고객이 원하는 것은 정보의 양이 아니라, "이걸 보면 지금 당장 무엇을 해야 할지 알겠다."라는 확신이다. 적용 가능한 기준, 구체적인 사례, 즉시 실행할 방향. 이 세 가지가 담겨 있다면 30페이지로도 충분하다.

세 번째는 무료 라이브다. 무료 라이브는 교육 시스템 안에서 가장 강력하게 온도를 끌어올리는 공간이다. 글이나 영상도 힘이 있지만, 실시간 만남만큼 빠르게 신뢰를 쌓는 방식은 없다. 화면 너머로 표정, 목소리, 태도, 사고방식이 그대로 전달된다. 라이브는 기술이 아니라 연결이다.

라이브의 강점은 동시에 많은 사람을 만나면서도 개별적 연결감을 줄 수 있다는 점이다. 질문에 즉시 답하고, 채팅에 반응하며, 실시간으로 상황을 파악해 해결책을 제시한다. 이 즉시성이 고객의 마음을 움직인다. 고객은 "내 이야기를 들어 주는 사람"이라는 감각을 느낄 때 깊은 신뢰를 형성한다.

라이브는 관계를 만드는 시간이다. 즉흥적인 질문에도 성실히 답하고, 꾸밈없이 자신을 드러내는 사람에게 고객은 빠르게 마음을 연다. 꾸준히 같은 시간, 같은 자리에서 메시지를 전하는 사람은 고객의 기억 속에 '항상 거기 있는 사람'으로 남는다. 온라인에서 가장 강력한 무기는 일관성이다. 라이브는 그 일관성을 가장 선명하게 보여 주는 도구다.

마지막은 종이책이다. 네 가지 방식 중 가장 많은 시간과 노력이 필요하지만, 그만큼 강력하다. 종이책은 원고 구성, 집필, 교정·교열, 디자인, 인쇄까지 긴 과정을 거친다. 이 시간과 과정 자체가 신뢰가 된다. 종이책은 나의 생각과 철학을 가장 깊고 선명하게 전달하는 도구다. 독자는 책을 읽으며 저자의 사고 체계를 따라간다. 밑줄을 긋고, 메모하고, 다시 펼쳐 본다. 이런 물성은 전자책과는 다른 차원의 연결을 만든다.

또한 종이책은 자연스럽게 권위를 형성한다. 누구나 콘텐츠를 만드는 시대지만, 한 권의 책을 완성했다는 사실은 깊이와 지속성을 증명한다. 그리고 무엇보다 종이책은 길이 맞는 사람만 데려온다. 끝까지 읽은 독자는 이미 나와 결이 맞는 사람이다.

교육 시스템의 핵심은 고객에게 경험을 주는 것이다.

지금까지 소개한 이메일, 전자책, 무료 라이브, 종이책은 내가 실제로 활용하고 주변에서 효과를 확인한 방식이지만, 이 네 가지가 전부는 아니다.

교육 시스템의 본질은 고객이 스스로 가까워지도록 만드는 데 있으며, 그 방식은 시대와 업종, 개인의 성향에 따라 얼마든지 달라질 수 있다. 중요한 것은 어떤 방법을 선택하느냐가 아니라, 자신의 성향과 사업 구조에 맞는 방식을 택해 일관되게 실천하는 일이다.

요즘 대기업들이 앞다투어 선보이는 팝업 스토어와 체험 공간 역시 같은 맥락이다.

겉으로 보면 화려한 오프라인 행사처럼 보이지만, 본질은 하나다. 고객이 직접 경험하도록 만드는 것이다. 고객이 공간에 들어와 제품을 만지고, 눈으로 보고, 브랜드의 분위기를 체험하는 순간, 고객의 온도는 빠르게 올라간다. 온라인에서 글로 백 번 설명하는 것보다 오프라인에서 10분간 직접 경험하게 하는 편이 훨씬 강력한 이유다.

그런 의미에서 체험형 팝업 스토어 역시 넓은 범주의 교육 시스템이라 할 수 있다. 고객이 직접 느끼는 과정을 통해 브랜드의 세계관을 이해하도록 설계된 구조이기 때문이다.

온라인 비즈니스도 다르지 않다. 어떤 사람은 1:1 무료 상담이 잘 맞고, 어떤 사람은 커뮤니티 운영에 강점이 있다. 누군가는 뉴스레터를 통해 깊은 관계를 만들고, 또 다른 누군가는 오픈 채팅방, 카카오 채널, 문자 발송 등을 더 효율적으로 활용한다.

중요한 것은 이것저것 모두 해야 한다는 부담이 아니다. 자신이 잘할 수 있는 방식을 선택해 시작하는 것이 우선이다. 또한 교육 시스템은 꾸준히 이어지고, 그 안에 자신의 결이 묻어날 때 더 강력한 힘이 생긴다.

특히 온라인에서는 고객과 직접 연결되는 접점을 만드는 일이 핵심이다. 고객이 나를 한 번 더 떠올리고, 한 번 더 접촉하고, 한 번 더 경험할 기회를 만들면 그것이 곧 교육 시스템이 된다. 방식은 달라도 목적은 같다.

고객이 스스로 나에게 가까워지도록 만드는 것, 그것이 교육 시스템의 본질이다.

6단계 :
구매 결정을 이끄는 장치

지금까지의 과정을 경험한 고객이 상담을 신청했다고 해서 곧바로 전환으로 이어지는 것은 아니다. 많은 대표가 이 지점에서 막힌다.

"상담은 오는데 구매로 연결되지 않아요."

콘텐츠 조회수도 잘 나오고, 랜딩페이지도 갖추었고, 교육 시스템으로 신뢰까지 만들었는데 결제 단계에서 멈춰 버리는 순간이 온다. 나 역시 이 지점을 수없이 겪었다.

그러다 어느 순간 깨달았다. 전환이 일어나지 않는 가장 큰 이유는 고객의 온도를 구별하지 못했기 때문이라는 사실이다.

고객은 모두 같지 않다. 지금 당장 결제할 준비가 된 사람도 있고, 가볍게 궁금한 점을 묻고 싶은 사람도 있으며, 마음은 움직였지만 결정의 문턱에서 망설이는 사람도 있다. 이 서로 다른 상태를 같은 방식으로 대하면 상담은 늘어나지만 매출은 늘지 않는다. 결국 전환은 기술이 아니라 타이밍이고, 타이밍은 고객의 온도에 따라 결정된다.

이 깨달음에 이르기까지 나는 여러 직업을 거쳤다. 고등학교 시절부터 첫 취직 전까지 서비스직 아르바이트를 했고, 콜센터에서 1년 넘게 근무했으며, 트레이너로 사람을 지도하기도 했다. 취업 후에는 마케팅 회사에서 하루 80~100통의 영업 전화를 걸었다.

지금 돌아보면 그 모든 경험이 고객의 온도를 읽는 훈련이었다. 서비스업에서는 고객의 표정만 봐도 그날의 기분을 짐작할 수 있었고, 콜센터에서는 상대의 첫 한마디로 대화의 흐름이 예상되곤 했다. 영업 전화를 할 때는 상대의 톤만으로도 마음의 문이 닫혀 있는지, 조금은 열려 있는지 알 수 있었다. 분야는 달랐지만 결론은 하나였다.

사람은 준비되지 않은 상태에서는 아무 말도 듣지 않는다.

고객의 온도를 구분해야 한다

그런데 사업을 시작하고 상담을 하면서 보니, 많은 대표가 바로 이 지점을 놓치고 있었다. 전환이 되지 않는 이유는 고객이 나쁜 사람이어서도, 강의가 부족해서도 아니다. 단지 아직 준비되지 않았을 뿐이다. 그런데 우리는 그 사실을 잊고 모든 고객에게 같은 말투, 같은 안내, 같은 제안을 건넨다. 그러다 보니 에너지는 빠지고, 상담은 늘어나지만 매출은 늘지 않으며, 결국 스스로를 의심하게 된다.

그래서 고객의 온도를 구분하는 기준을 갖는 일은 단순한 마케팅 전략이 아니라 사업을 오래 지속하기 위한 시스템이 된다. 이 기준이 생기면 에너지를 어디에 집중해야 할지 명확해지고, 억지 설득 없이도 자연스럽게 전환이 일어나는 흐름이 만들어진다.

고객은 하나의 집단이 아니다. 누군가는 호기심으로 다가오고, 누군가는 이미 긍정적인 마음을 품고 있으며, 누군가는 오늘이라도 결제할 준비가 되어 있다. 서로 다른 온도의 고객에게 같은 멘트와 같은 타이밍으로 제안하면 전환이 일어나지 않는 것이 당연하다.

전환 시스템의 핵심은 고객이 지금 어느 단계에 있는지, 어떤 감정 상태로 나를 바라보고 있는지 파악하는 데 있다. 온도에 따라 말하는 방식도, 다가가는 속도도 달라져야 한다. 이 차이를 이해하지 못하면 아무리 훌륭한 랜딩페이지를 만들고, 콘텐츠를 쏟아내고, 교육 시스템을 운영해도 매출은 멈춰 서게 된다.

우리는 1단계 기획 시스템에서 나만의 철학을 세웠고, 2단계에서 꿈의 고객을 구체화했으며, 3단계에서 시선을 끄는 콘텐츠를 만들었다. 4단계 랜딩페이지에서는 마음이 열리는 구간을 설계했고, 5단계 교육 시스템에서는 관심을 깊은 신뢰로 바꾸었다.

그리고 이제 전환이라는 목적지에 도착했다. 하지만 이 지점에서 반드시 기억해야 할 사실이 있다. 모든 꿈의 고객이 지금 당장 결제할 준비가 되어 있는 것은 아니라는 점이다.

그래서 나는 고객을 세 가지 온도로 나눈다.

차가운 고객   따뜻한 고객   뜨거운 고객

차가운 고객은 아직 나를 잘 모르는 단계이고, 따뜻한 고객은 어느 정도 신뢰가 형성된 상태이며, 뜨거운 고객은 이미 팬이 되어 결제에 대한 두려움이 거의 없는 상태다.

이 세 가지 온도를 구분할 수 있다면 전환은 억지 설득이 아니라 자연스러운 흐름이 된다.

차가운 고객은 아직 우리를 잘 모르는 사람이다. 콘텐츠를 몇 개 스쳐보았을 수는 있지만, 나의 세계관과 철학을 이해할 만큼 깊이 접한 적은 없다. 이들은 "이게 뭐지?"라는 가벼운 호기심으로 다가온다.

그래서 차가운 고객은 관심 단계라기보다 탐색 단계에 있다고 보는 편이 정확하다. 문제는 많은 대표가 이 차가운 고객을 놓치지 않으려고 가장 많은 에너지를 쏟는다는 데 있다. 그러나 이 단계의 고객을 억지로 설득하려는 순간, 전환은 멀어진다. 차가운 고객에게 필요한 것은 설득이 아니라 거리 조절이다.

나는 이 사실을 영업 전화를 하며 몸으로 배웠다. 하루 80~100통의 전화를 걸 때 상대 대부분은 차가운 고객이었다. 분명 도움이 될 이야기였지만, 대부분은 5초 안에 전화를 끊었다. 이유는 단순했다. 들을 준비가 되어 있지 않았기 때문이다. 콜센터에서도 마찬가지였다. 고객이 화가 난 상태에서는 아무리 친절하게 설명해도 듣지 않는다.

그들이 원하는 것은 해결책이 아니라 감정을 풀 통로였다. 그 통로가 열리지 않으면 어떤 정보도 들어가지 않았다. 이 경험은 하나의 기준으로 남았다. 준비되지 않은 사람에게는 어떤 말도 닿지 않는다. 이 단순한 문장이 전환 시스템의 핵심 원칙이 되었다.

그래서 나는 차가운 고객과의 상담에 과도한 에너지를 쓰지 않는다. 상담 요청이 들어와도 콘텐츠를 거의 보지 않았고 랜딩페이지도 읽지 않은 상태라면 이렇게 말한다.

"지금 결정하지 않으셔도 괜찮습니다. 여기 있는 글과 영상부터 천천히 살펴보세요. 그것만으로도 충분히 도움이 될 겁니다."

이 말은 거절이 아니다. 준비할 시간을 주는 것이다. 대부분의 고객은 그동안 끊임없이 "지금 구매하세요."라는 메시지에 노출되어 왔다. 그래서 "지금 결정하지 않아도 됩니다."라는 말은 오히려 새로운 경험이 된다. 이 한 문장이 경계를 낮춘다.

또 하나 중요한 점이 있다. 차가운 고객은 아직 나와 결이 맞는지조차 모른다. 이런 상태에서 상담을 하면 대화는 엇갈리고, 질문은 표면적이며, 상담이 끝난 뒤에는 피로감만 남는다.

나 역시 그런 상담을 반복하며 지쳐 본 적이 있다. 만약 이런 경험이 계속 쌓이면 상품에 대한 확신마저 흔들릴 수 있다. "정말 내 상품이 필요한 사람이 있는 걸까?"라는 의심이 고개를 든다. 이건 사업가에게 가장 위험한 순간이다.

그래서 차가운 고객에게는 설득하지 않는 것이 오히려 최고의 전략이다. 밀어붙이지 않고, 콘텐츠와 교육 시스템을 통해 스스로 온도를 올리도록 기다린다.

"이 글부터 읽어 보시면 이해가 쉬울 거예요."
"이 영상에 제가 가장 중요하게 생각하는 기준을 정리해 두었습니다."
"충분히 살펴보신 뒤 궁금한 점이 생기면 연락 주세요."

이 말들은 부드럽지만 단호하다. 밀어내는 것이 아니라 시간을 주는 것이다. 차가운 고객은 강한 압박으로 뜨거워지지 않는다. 불 가까이에 두면 자연스럽게 온도가 오르듯, 내가 설계한 콘텐츠와 교육 시스템 안에서 스스로 따뜻해지도록 만드는 것. 그것이 차가운 고객을 다루는 방식이다.

반대로 따뜻한 고객은 완전히 다르다. 이들은 이미 내 콘텐츠를 여러 번 접했고, 사고방식과 관점, 메시지를 어느 정도 받아들인 상태다.

"이 사람 말이 맞는 것 같다.", "이 방식으로 해 보고 싶다."라는 생각이 마음속에서 자라기 시작한 단계다. 나를 모르는 사람이 아니라, 이미 알고 있는 사람이다. 다만 마지막 결정을 위한 한 걸음의 확신이 필요할 뿐이다.

상담을 하다 보면 이 차이는 분명하게 느껴진다. 따뜻한 고객은 "안녕하세요."라는 첫 인사부터 다르다. 말투는 부드럽고, 속도는 자연스럽게 맞춰지며, 대화할 준비가 되어 있다. 상담은 일방적인 설명이 아니라 교감이 된다.

당장 전환이 일어나지 않더라도 상담이 끝나면 오히려 에너지가 채워진다. 어떤 대표는 단 10분의 통화만으로도 큰 도움을 받았다며 작은 선물을 보내 주기도 했다. 이런 순간이 따뜻한 고객의 특징을 보여 준다.

이 단계의 고객은 감정적으로는 이미 움직였지만, 아직 결제를 확정하지는 않았다. 심리학에서는 이를 '인지 부조화 해소 구간'이라 부른다. 감정은 이미 기울었지만, 스스로를 설득할 논리적 근거를 찾는 단계다. 사람은 감정으로 결정하고, 논리로 정당화한다.

그래서 따뜻한 고객에게 필요한 것은 더 많은 정보가 아니라 마지막 한 걸음의 확신이다. "이 선택이 맞을까?"라는 불안을 덜어주는 근거다.

이 확신은 대개 사람의 이야기에서 나온다. 후기와 댓글, 비슷한 상황의 사례를 통해 "저 사람도 나와 비슷했네."라는 공감을 확인하는 순간, 결론은 이미 절반 이상 정해진다. 후기 한 줄이 장황한 설명보다 강한 이유다. 사람은 숫자보다 사람을 보고 결정한다.

그러나 결정의 순간은 결국 한마디에서 갈린다.

"지금 상황이라면 이 순서가 맞습니다."
"지금은 속도보다 방향이 더 중요합니다."

이처럼 고객의 현재 위치를 정확히 짚어 주는 말 한마디가 표정을 바꾼다. 그들은 화려한 정보가 아니라, 지금 자신에게 필요한 기준을 찾고 있었던 것이다.

따뜻한 고객과의 상담에서는 오히려 내가 길게 설명하지 않는다. 질문을 던지고, 상황을 듣고, 막힌 지점을 확인한다. 대부분은 이미 답에 가까이 와 있다. 나는 그 결론을 정리해 주는 역할만 한다. "아, 이 사람은 내 상황을 정확히 이해한다."라는 느낌. 그 한 번의 이해가 쌓이면 선택은 자연스럽게 따라온다.

뜨거운 고객은 이미 마음을 정한 사람이다. 콘텐츠를 오래 보고, 전자책이나 종이책을 읽고, 무료 라이브를 통해 나의 말투와 기준, 일관성을 확인한 사람들. 이들은 마음속에서 이미 여러 번 결제해 본 상태다. 상담은 설득의 시간이 아니라 확인의 시간에 가깝다. 그래서 뜨거운 고객에게 과도한 설명은 오히려 역효과가 날 수 있다.

이미 결심한 사람에게 계속 설득하려 하면 "왜 이렇게까지 설명하지?"라는 의심이 생길 수 있다. 뜨거운 고객에게 필요한 것은 빠르고 명확한 안내다.

"좋습니다. 시작하면 첫 주에는 이것만 하세요."
"이 단계에서 흔들리는 분들이 많은데, 저는 이렇게 해결합니다."

뜨거운 고객은 끌려온 사람이 아니라 스스로 선택해 온 사람이다. 이들에게 나는 영업자가 아니라 코치의 역할을 한다.

많은 대표가 여기서 실수하는 부분 중 하나는, 결제가 끝나면 관계도 끝났다고 생각하는 것이다. 그러나 진짜 전환은 결제 순간이 아니라, 결제 이후의 첫 경험에서 결정된다. 첫 경험이 좋으면 팬이 되고, 흔들리면 조용히 멀어진다.

특히 뜨거운 고객일수록 기대치가 높기 때문에 이 초기 경험은 더욱 중요하다. 그래서 나는 결제 직후 아주 작은 행동을 제시한다.

"오늘은 이것 한 가지만 해 보세요."
"이 부분을 사진으로 찍어 보내 주세요. 바로 확인해 드리겠습니다."

이 작은 행동이 불안을 잡아 주고, "잘 선택했구나."라는 안도감을 만든다.

뜨거운 고객은 이미 나를 믿는다. 중요한 것은 그 신뢰를 흘려보내지 않는 일이다. 초기 경험이 안정되면 후기로 이어지고, 재구매로 확장되며, 추천으로 연결된다. 뜨거운 고객은 팬이자 또 다른 고객을 데려오는 연결고리다. 결국 이들에게 필요한 것은 말이 아니라 경험이다.

고객은 같은 출발선에 서 있지 않다

전환 시스템의 본질은 결국 누구를, 언제 만나느냐에 있다.

준비된 사람은 작은 말 한마디에도 움직인다. 준비되지 않은 사람은 아무리 논리적으로 설명해도 듣지 않는다. 차가운 고객은 아직 타이밍이 아니다. 따뜻한 고객은 기준을 찾고 있다. 뜨거운 고객은 안정감을 원한다. 이 세 부류를 구분할 수 있다면 전환은 훨씬 자연스럽게 일어난다.

그리고 이 시스템은 나를 지켜 준다. 따뜻한 고객과의 상담은 에너지를 채워 준다. 같은 언어를 쓰는 느낌, 실제로 실행해 보려는 태도, "고맙습니다."라는 한마디가 사업의 중심을 잡아 준다. 반대로 차가운 고객을 억지로 설득하려는 순간, 확신은 흔들리고 에너지는 빠져나간다.

그래서 전환 시스템은 매출을 높이는 구조이면서 동시에 내 에너지를 보호하는 장치다. 전환은 누군가를 끌어오는 과정보다, 준비된 고객이 스스로 걸어 들어오도록 길을 비켜 주는 과정이다.

우리는 콘텐츠로 문을 열었고, 랜딩페이지로 통로를 만들었으며, 교육 시스템으로 머물 공간을 마련했다. 이제 전환 시스템은 그 공간 안에서 각자가 어떤 속도로 움직이고 있는지 바라보는 일이다.

이 흐름을 이해하는 순간, 억지 설득은 사라지고 자연스러운 선택만이 남는다.

그리고 그렇게 시작된 선택은 오래간다. 깊은 관계로 이어지고, 다시 전환으로 돌아오며, 또 다른 고객을 데려오는 연결 고리가 된다. 사업은 그렇게 확장된다. 크게 소리치지 않아도, 무리하게 끌어당기지 않아도, 준비된 고객과 함께 걷는 사업은 단단하게 성장한다.

7단계 :
재구매를 만드는 흐름

사업을 시작하면 누구나 가장 먼저 떠올리는 목표는 매출이다.

많은 사람이 '얼마를 벌고 싶은가.'를 가장 앞에 적어 두지만, 조금만 더 깊이 들여다보면 매출은 사업의 본질이라기보다 결과에 가깝다. 진짜 중요한 것은 그 매출을 지탱하는 구조가 있는지다. 구조 없는 매출은 한 번의 이벤트로 끝나지만, 구조 있는 매출은 반복된다. 반복되는 매출은 안정성을 만들고, 안정성은 사업을 버티게 한다.

사업을 시작할 때 자주 나오는 말이 있다.

"대부분의 사업은 3년 안에 망한다."

이건 과장이 아니다. 실제 통계에서도 확인되는 현실이다. 창업자 열 명 중 여섯 명은 3년을 넘기지 못한다. 자금 부족, 치열한 경쟁, 마케팅의 어려움 등 이유는 다양하지만, 결국 하나의 공통점으로 모인다.

바로 재구매가 일어나지 않는다는 점이다. 한 번 온 고객이 다시 돌아오지 않으면 사업은 늘 처음부터 다시 시작해야 한다. 신규 고객 확보에는 비용과 시간이 들고, 무엇보다 마음이 소모된다. 반면 재구매는 비용이 적게 들고, 속도는 빠르며, 더 큰 매출로 이어질 가능성이 높다.

나는 이 현실을 누구보다 잘 안다. 나 역시 망하고 싶지 않은 사람이기 때문이다. 그래서 사업 초반, 스스로에게 끊임없이 질문했다. "어떻게 하면 망하지 않을까?" 그 질문 하나 때문에 책을 읽고, 강의를 듣고, 약 3,000만 원에 가까운 비용을 교육에 투자했다. 단지 잘하고 싶어서가 아니라, 실패하고 싶지 않았기 때문이다.

그리고 그 과정에서 깨달았다. 사업은 신규 고객 유입만으로 성장하는 것이 아니라, 기존 고객이 남아 있을 때 함께 성장한다는 사실이다.

신규 고객에만 의존하는 사업은 결국 무너진다

처음 온 고객이 다시 찾아오고, 누군가를 소개해주는 흐름이 생길 때 비로소 사업은 안정성을 갖는다. 신규 고객이 아무리 많아도 기존 고객이 빠져나가면, 그것은 바닥이 뚫린 항아리에 물을 붓는 것과 같다. 물은 계속 새어 나가고, 우리는 계속 부어야 한다. 소모적이고, 지치고, 불안하다.

나는 마케팅 대행 사업을 운영하며 이 구조의 중요성을 더욱 절실히 느꼈다. 열끈마케팅을 운영하면서 5년, 10년, 15년 이상 사업을 이어 온 대표들이 나에게 1년 이상씩 일을 맡겼다. 경험 많은 대표들이 오랫동안 함께한다는 것은 우연이 아니었다. 내가 만든 결과가 실제로 도움이 되었기 때문이다. 그 결과 재구매율 90% 이상을 유지할 수 있었다.

이 재구매율은 내 사업을 지탱하는 힘이자, 새로운 대표들과 연결될 수 있는 가장 강력한 신호였다. 재구매는 단순히 '또 구매했다.'라는 의미가 아니다. 재구매는 고객이 보내는 가장 솔직한 메시지다. "덕분에 도움이 되었습니다.", "계속 함께하고 싶습니다.", "이 방식이 저에게 맞습니다." 이 메시지가 쌓일수록 사업은 단단해지고, 불안은 줄어든다. 반복되는 연결은 지속 가능한 성장을 만든다.

재구매가 없는 사업도 겉으로는 잘 돌아가는 것처럼 보일 수 있다. 콘텐츠 조회수는 높고, 상담 문의도 꾸준하며, 랜딩페이지 클릭 수도 많다. 그러나 자세히 들여다보면 같은 문제가 반복된다. 신규 고객 유입 속도보다 기존 고객 이탈 속도가 빠르면, 겉은 화려해도 속은 비어 있는 사업이 된다. 이 구조가 반복되면 대표의 체력이 먼저 고갈된다.

재구매가 없는 사업을 살펴보면 공통된 문제가 있다.

첫째, 고객이 느끼는 핵심 가치가 불명확하다. 왜 이곳을 선택해야 하는지 이유가 각인되지 않는다. 그래서 한 번 이용하고 나면 흔적 없이 사라진다.

둘째, 고객과의 연결이 얕다. 서비스는 제공되었지만 대표의 철학과 방향성은 전달되지 않았다. 이런 관계는 오래가지 못한다.

셋째, 대표의 에너지가 소모되어 있다. 재구매가 없으면 항상 설득해야 할 고객만 상대하게 된다. 점점 까다로운 고객만 남고, 대표는 지친다. 대표가 지치면 가장 먼저 무너지는 것은 마음이다. 마음이 무너지면 사업도 오래가지 못한다.

넷째, 사업 구조가 불안정하다. 한 달만 쉬어도 매출이 사라지고, 한 번만 아파도 전체가 흔들린다. 여유가 없으면 판단이 흐려지고, 판단이 흐려지면 방향을 잃는다.

나는 이 위험을 알고 있었기에 초기에 스스로 다짐했다. "신규 고객은 변수지만, 기존 고객은 자산이다." 이 문장을 기준 삼아 사업 구조를 설계했다. 그 구조가 자리 잡자 변화가 일어났다. 기존 고객이 떠나지 않으니 사업은 훨씬 안정되었다.

기존 고객이 자발적으로 소개를 해 주었고, 재구매율은 점점 높아졌다. 그때 비로소 확신이 들었다. 나는 '잘 팔리는 사업'이 아니라 '잘 남는 사업'을 만들고 있구나.

재구매가 없는 사업은 대표 혼자 버틴다. 반면 재구매가 있는 사업은 고객이 함께 키운다. 고객이 다시 찾아오고, 소개하고, 함께 성장한다. 이 차이는 시간이 지날수록 격차를 벌린다. 그리고 그 격차가 결국 사업의 운명을 바꾼다.

여기서 이런 생각을 할 수 있다. "마케팅 대행은 상품 특성상 연장이 가능하니까 재구매가 쉬운 것 아닌가요?" 겉으로 보기에는 그렇게 보일 수 있다. 그러나 실제로는 전혀 그렇지 않다. 대행은 단순히 연장되는 상품이 아니라, 연장할 만큼의 가치가 증명되어야 하는 상품이다. 가치가 없다면 단 한 달도 연장되지 않는다.

대행이든 강의든 컨설팅이든 재구매의 본질은 같다. 고객이 '또 하고 싶다.'라고 느껴야만 재구매가 일어난다. 재구매는 단순히 나와 다시 계약하는 것만을 의미하지 않는다. 추천, 소개, 구전(입소문) 역시 동일한 재구매의 흐름 안에 포함된다.

고객이 느낀 만족이 또 다른 구매를 만들고, 그 구매가 또 다른 고객을 데려온다. 이 흐름이 만들어지면 사업은 대표 혼자 움직이지 않아도 된다. 고객이 사업을 함께 키워준다.

내가 실제로 대행을 맡은 중문 업에도 같은 경험을 했다. 중문은 한 번 설치하면 최소 5년, 길게는 10년 이상 사용하는 품목이다. 겉으로만 보면 재구매가 일어날 수 없는 업종이다.

그런데 놀라운 일이 벌어졌다. 설치가 끝나면 주변 지인들에게 소개가 들어오고, 이사를 갈 때마다 다시 맡기는 분들도 있었다. 가족 전체가 이사할 때마다 한 번도 다른 업체를 찾지 않고 같은 곳에 맡긴 사례도 있다. 이는 상품 특성상 반복 구매가 가능한 것이 아니라, 고객이 그 서비스에서 확실한 가치를 느꼈기 때문에 벌어지는 현상이다.

이 원리는 온라인 상품도 마찬가지다. 고객이 어떤 리뷰를 남기길 바라는지 먼저 떠올려보면 된다. 그리고 그 리뷰가 실제로 달릴 수 있도록 상품을 설계하는 것, 이것 또한 재구매 시스템의 중요한 일부다. "친구에게 꼭 추천하고 싶어요.", "다음에도 또 이용하고 싶습니다." 이런 리뷰는 모두 재구매의 또 다른 표현이다.

재구매가 일어나는 사업의 가장 근본적인 힘은 사실 매우 단순하다. 고객이 '이 사람에게 맡기면 내 인생이 좋아진다.' 혹은 '이 서비스를 이용하면 내 사업이 성장한다.'라는 확신을 갖는 것이다.

그래서 나는 사업을 시작할 때 단 하나의 원칙을 세웠다. "신규 고객이 떠나지 않게 하자.", "나로 인해 이 고객의 매출이 오르게 하자." 이 두 문장은 단순한 목표처럼 보이지만, 내 사업 구조 전체를 바꾸어 놓은 기준이었다.

신기하게도 목표가 내 매출이 아니라 고객의 매출로 전환되는 순간, 내가 해야 할 일이 명확해졌다.

"이 고객의 매출이 지금 당장 오르려면 무엇이 필요할까?"
"지금 이 사람이 가장 막히는 지점은 어디일까?"

이런 질문을 스스로에게 수십 번 던지다 보면, 지금 내가 해야 할 행동이 자연스럽게 보이기 시작한다. 그렇게 되면 고객의 문제를 더 깊이 이해하게 되고, 그 사람의 상황에 맞는 해결책을 찾게 되며, 기대 이상의 가치를 전달하게 된다.

그러면 고객이 먼저 변한다. 카카오톡으로 고맙다는 인사가 오고, 매출이 올랐다며 기쁜 소식을 전한다. 지인을 소개하고 싶다며 연락이 오기도 한다. 어떤 대표는 상담만 받았을 뿐인데 감사의 뜻으로 선물을 보내기도 했다.

고객은 자신을 진심으로 도우려는 사람을 정확히 알아본다. 그리고 그 진심은 재구매로 돌아온다. 재구매는 소개로, 소개는 또 새로운 고객으로 이어진다. 이 흐름이 시작되면 사업은 더 이상 대표 혼자 움직이지 않는다. 고객이 함께 사업을 키워주는 구조가 만들어진다.

그럼 또 여기서 많은 사람이 묻는다.

"그럼 고객을 위해 희생해야 하나요? 너무 퍼주면 손해 아닌가요?"

전 개그맨이자 사업가, 베스트셀러 작가인 고명환은 이렇게 말했다.

"역시 나를 구하는 유일한 길은 남을 구하려고 애쓰는 것이다."
—『고전이 답했다』 중에서

이 문장을 처음 읽었을 때 나는 이상하리만큼 깊이 공감했다.

이기적 이타심이라는 말을 들어본 적 있는가?

이기적 이타심이라는 들으면 처음에는 모순처럼 보이지만, 사업에서는 이보다 정확한 개념도 없다. 남을 돕기 위해 애쓰는 것 같지만, 그 과정에서 가장 큰 혜택을 받는 사람은 결국 나라는 뜻이다. 고객이 성공하면 나는 재구매를 얻고, 고객이 성장하면 나도 성장하며, 고객이 잘되면 내 사업 구조도 더 단단해진다.

이것은 희생이 아니다. 오히려 가장 현명한 선택이며, 장기적으로 가장 이익이 되는 전략이다. 남을 돕는 일이 결국 나를 돕는 구조가 만들어지면 감사 인사와 후기, 재구매, 자연스러운 소개가 물 흐르듯 이어진다.

흥미로운 점은 이 원리가 단순한 심리적 느낌에 그치지 않는다는 것이다. 우리는 누군가를 도와줄 때 '좋은 일을 했다.'라는 기분을 느끼는 데서 그치지 않는다. 뇌에서는 보상과 관련된 신경 물질이 분비된다고 한다.

즉, 남을 돕는 순간 우리의 뇌는 이렇게 말하는 셈이다. "이 행동은 계속해도 좋다." 그래서 누군가를 도와줄 때 더 깊은 에너지가 생기고, 고객이 성장하는 모습을 볼 때 나에게도 원동력이 생긴다.

이는 자연스럽고 당연한 흐름이다. 남을 살리는 일이 동시에 나를 살리는 구조. 사업에서 이보다 더 단단한 기반은 없다.

그러나 사업을 하다 보면 역설적으로 이 기반이 흔들리는 순간이 찾아온다. 나 역시 그 시기를 겪었다. 어느 순간부터 "지금보다 두 배는 더 벌 수 있지 않을까?", "객단가를 올리면 매출도 더 빨리 늘어나지 않을까?"라는 생각이 들기 시작했다.

그러자 상품이 조금씩 변질되었다. 고객에게 꼭 필요하지 않은 구성들이 매출을 올리기 위한 이유로 하나둘 추가되었고, 처음에는 몇 번 판매되기도 했다. 그러나 오래가지 못했다. 결국 다시 기본 상품으로 돌아오는 일이 반복되었다.

고객의 지갑이 열리는 순간은 고객이 우리를 통해 성장한다고 느끼는 순간이라는 사실을 잊고 있었던 것이다. 그래서 나는 하나의 원칙을 세웠다. "우리만 이득이 되는 상품은 절대 판매하지 않는다."

이 단순한 기준이 내 사업을 완전히 바꾸어 놓았다. 이 원칙을 지키며 상품을 다시 설계하자 오히려 가격이 자연스럽게 올라갔다. 일부 상품은 사업 초기보다 10배 이상 높은 가격에 팔리기 시작했다. 억지로 객단가를 높인 것이 아니라, 필요 없는 구성을 걷어내고 고객에게 진짜 도움이 되는 핵심만 남겼기 때문이다. 그러자 고객은 가격이 아니라 가치를 기준으로 선택하기 시작했다.

나는 이 흐름을 누구보다 절실하게 체감하며 배웠다. 비싼 광고 없이도, 과한 이벤트 없이도 고객이 다시 찾아오고, 고객이 고객을 데려오며, 소개가 쌓이고, 후기와 감사가 이어지는 구조. 이 구조가 만들어지면 사업은 더 이상 불안에 흔들리지 않는다.

결국 고객에게 가치를 주기 위해 애쓰는 과정에서 가장 큰 혜택을 받는 사람은 나였다. 고객이 성장하면 나도 성장하고, 고객이 성공하면 내 상품도 더 높은 가치를 인정받는다.

이 재구매 시스템은 내 사업을 가장 단단하게 만들어주는 기반이며, 이 본질을 이해하는 사람이 결국 오래 살아남고, 오래 살아남은 사람이 결국 크게 성장한다.

CHAPTER 6

마케팅 시스템 실행 점검 &
해결 가이드

마케팅 시스템을 만들었다고 해서 바로 사업이 자동으로 돌아가지는 않는다.

시스템이 멈춘 것처럼 느껴질 때, 많은 사람이 자신을 의심한다.
하지만 대부분의 문제는 대표가 아니라 구조 안에 숨어 있다.

시스템이 멈춘 것처럼
느껴질 때

마케팅 시스템을 처음 구축할 때, 대부분의 사람은 이런 기대를 품는다. 이제는 어떤 콘텐츠를 올릴지 더 이상 고민하지 않아도 될 것 같고, 랜딩 페이지도 잘 만들어 두었으니 곧 문의가 들어올 것이라는 생각에 '이제 좀 안정되겠지.' 하는 마음이 든다.

물론 나 역시 처음 시스템을 구축할 때 그랬다. 하지만 시스템은 만들었다고 해서 곧바로 원활하게 작동하지 않는다. 한 번 만들어 두고 방치해도 되는 구조가 아니라, 끊임없이 점검하고 고치며 다듬어야 비로소 제대로 작동하는 구조다.

실제로 마케팅 시스템은 우리가 생각하는 것보다 쉽게 흔들린다. 어떤 날은 콘텐츠 반응이 매우 좋아 댓글이 많이 달리고, 여러 사람이 랜딩페이지까지 찾아온다. 그러다가도 며칠 동안 아무런 반응이 없을 때가 있다. 교육까지 들은 사람이 많은데도 상담 신청이 거의 없는 날이 있고, 상담은 진행되지만 결제로 이어지지 않는 때도 있다.

이런 일상적인 기복 속에서 대표는 종종 자신이 만든 시스템을 의심하기 시작한다.

"이거 잘못 만든 건가?"
"내 비즈니스가 문제인가?"
"아예 방향을 잘못 잡은 건 아닐까?"

그리고 그보다 더 깊은 곳에서 조용히 피어오르는 생각이 있다. 바로 "혹시 내가 재능이 없는 건 아닐까?"라는 감정이다. 이 감정은 누구에게나 찾아온다. 지금 잘 나가고 있는 대표들 역시 비슷한 생각을 한다.

시스템이 잠시 멈추거나, 예상한 성과가 나오지 않을 때 많은 사람은 그 문제를 자신의 문제로 해석한다. 그리고 그 순간부터 문제 해결은 더욱 어려워진다. 구조의 문제를 개인의 문제로 받아들이면, 시스템을 점검하기보다 자신을 의심하는 데 에너지를 쓰게 되기 때문이다.

마케팅 시스템의 본질은 하나의 흐름이다

잠재 고객이 나를 발견하고, 관심을 갖고, 더 알고 싶어 하며, 나와 연결되고, 상담이나 교육을 통해 신뢰를 쌓은 뒤 결국 결제로 이어지는 여정이다. 이 여정은 여러 단계로 이루어져 있고, 그중 단 하나의 단계만 흔들려도 전체 흐름이 매끄럽게 이어지지 않는다.

예를 들어 콘텐츠는 꾸준히 올리는데 유입이 거의 없다면, 콘텐츠의 주제가 고객의 언어와 맞지 않거나 일고리즘의 신호를 세대로 반영하지 못했을 가능성이 있다. 랜딩페이지를 잘 만들어 두었지만 방문자가 없다면, 그 랜딩페이지는 제 역할을 하지 못하는 단계가 된다. 상담을 여러 번 진행했는데도 결제가 없다면, 단순히 가격이 비싸서가 아니라 고객의 문제를 명확하게 정리해 주지 못했기 때문일 수도 있다.

이처럼 각각의 지점은 하나의 흐름으로 연결되어 있다. 시스템은 여러 개의 다리가 이어진 긴 길과 같다. 어느 한 구간에 균열이 생기면 전체를 건너기 어려워지듯, 마케팅의 흐름도 한 단계가 약해지면 다음 단계로 자연스럽게 이어지지 않는다.

그래서 흐름을 점검할 때는 돌다리를 두드리듯 각 단계를 차분하게 확인해야 한다. 겉보기에는 튼튼해 보여도 실제로는 미세한 균열이 있는 단계가 전체 시스템을 멈추게 만드는 경우가 많기 때문이다.

따라서 시스템이 제대로 작동하지 않을 때 가장 먼저 해야 할 일은 자신을 의심하는 것이 아니라, 흐름 어딘가에서 연결이 끊긴 지점을 찾는 것이다.

문제를 마주했을 때 대표가 던져야 할 질문은 "내가 재능이 없나?"가 아니라 "지금 어떤 단계에 문제가 있는 걸까?"다. 시스템이 흔들릴수록 감정보다 데이터를 먼저 봐야 한다. 데이터는 대표를 비난하지 않는다. 단지 "여기가 조금 막혔습니다."라고 알려줄 뿐이다.

또한 시스템이 흔들릴 때 가장 위험한 선택은 전체를 갈아엎는 일이다. 이 방식은 실행 에너지를 소진시키고, 무엇이 효과가 있었는지 판단할 기준을 없애며, 대표의 자신감까지 훼손한다. 시스템 점검의 원칙은 단순하다.

한 번에 하나만 고친다.

가장 문제가 되는 단계, 가장 작은 수정으로도 흐름을 크게 개선할 수 있는 부분부터 손보는 것이다. 마케팅은 복잡한 퍼즐이 아니다. 오히려 작은 나사 하나가 빠진 기계에 가깝다. 그 나사를 찾으면 된다.

"지금 나에게 딱 하나만 고친다면 무엇이 가장 효과적인가?"

이 질문은 시스템을 단단하게 만들고, 대표의 감정을 안정시키며, 실행을 다시 앞으로 나아가게 한다. 시스템이 멈추는 것은 실패의 신호가 아니라 업데이트의 신호다. 그리고 그 업데이트는 자신을 비난하는 데서가 아니라, 흐름을 정확히 들여다보는 데서 시작된다.

나 역시 이 질문을 여러 번 스스로에게 던져야 했던 시기가 있었다. 처음 사업을 시작했을 때, 랜딩페이지를 만드는 데 많은 시간을 들였지만 문의는 거의 오지 않았다. 그때 나는 랜딩페이지가 문제라고 생각했다. 그래서 문장 하나, 제목 하나를 끝없이 바꾸며 수없이 수정했다.

그런데 실제로 상담을 진행해 보니 랜딩페이지를 보고 들어온 사람들은 이미 관심과 기대가 충분히 형성된 상태였고, 전환도 생각보다 수월하게 이루어졌다. 그제야 나는 문제의 핵심이 랜딩페이지가 아니라 트래픽(조회수)이라는 사실을 깨달았다. 랜딩페이지의 완성도는 이미 나쁘지 않았지만, 정작 그 페이지를 보러 오는 사람이 너무 적었던 것이다.

그래서 랜딩페이지를 일정 수준까지 탄탄하게 다진 뒤, 본격적으로 트래픽을 점검하기 시작했다. 그러자 문의가 하나둘 들어오기 시작했다. 문제는 재능도, 상품도 아니었다. 단지 흐름의 첫 번째 단계에서 트래픽이 부족했을 뿐이었다.

지금 이 책에서 이야기하는 마케팅 시스템 역시 처음에는 거의 반응이 없었다. 문의가 오더라도 전체 구조를 제대로 이해하고 공감해 주는 고객은 많지 않았다. 나 역시 그때는 흔들렸다. "내가 주장하는 마케팅 시스템이 틀린 걸까?", "내가 생각하는 방식이 시장과 맞지 않는 건 아닐까?"라는 생각이 끊임없이 떠올랐다. 심지어 "상품을 완전히 바꿔야 하나?"라는 생각까지 들 정도였다.

하지만 그때 포기하지 않고 전환 → 교육 → 랜딩페이지 → 트래픽 순으로 하나씩 점검해 나갔다. 그리고 마지막 단계에 이르러 확신이 들었다.

"일단 트래픽을 충분히 확보해 보자.
일정 수준 이상의 유입이 들어오기 전까지는 어떤 것도 단정할 수 없다."

그 판단을 내린 뒤 나는 모든 에너지를 트래픽에 집중했다. 가능성이 느껴지는 채널을 하나씩 점검했고, 그중 가장 빠르게 피드백이 온 매체가 바로 '스레드'였다. 그래서 스레드에 집중해 꾸준히 콘텐츠를 올리기 시작했다. 그러자 그동안 조용하던 시스템이 서서히 작동하기 시작했다.

그때 다시 한번 깨달았다. 시스템이 작동하지 않는 것은 내가 부족해서가 아니라, 아직 흐름이 충분히 만들어지지 않았기 때문이라는 사실이다.

이 CHAPTER는 바로 그 업데이트 과정을 돕기 위해 구성했다. 어느 단계에서 막혔는지, 왜 막히는지, 무엇부터 고쳐야 하는지 단계별로 실제적인 해법을 제시할 것이다. 이 장을 통해 당신의 시스템에서 지금 보완이 필요한 지점을 정확히 찾아내길 바란다.

트래픽이
모이지 않을 때

콘텐츠를 발행하고 랜딩페이지도 만들었으며, 상담 신청 버튼까지 잘 마련해 두었는데 정작 아무도 들어오지 않는 상황은 누구에게나 당황스럽다.

이런 상황에서 우리는 흔히 랜딩페이지를 의심하거나 메시지를 뜯어고치려 한다. 그러나 방문자 수가 지나치게 적다는 사실은 전혀 다른 의미를 지닌다. 유입 인원이 적으면 그 안에서 어떤 패턴을 발견하기도 어렵고, 전환율을 산출하는 것조차 무의미해진다. 전환율은 일정 수준 이상의 표본이 확보될 때 비로소 의미를 갖는 수치이기 때문이다.

따라서 트래픽이 충분히 모이지 않은 상태에서 다른 문제를 논하는 것은, 아직 판매조차 되지 않은 컴퓨터를 두고 오류를 찾으려는 일과 비슷하다. 전환율을 논하기 전에 먼저 확보해야 할 것은 유입의 절대량이다.

콘텐츠 시스템은 마케팅 전체 흐름에서 가장 앞 단계에 놓여 있다. 고객이 우리를 한 번도 본 적이 없다면 랜딩페이지도, 상담도, 어떤 제안도 의미를 갖기 어렵다. 콘텐츠는 고객이 우리를 처음 만나는 입구다.

이 입구가 너무 작거나 고객이 모여 있는 지점에 놓여 있지 않다면 사람들은 쉽게 지나쳐 버린다. 그래서 콘텐츠의 방향성은 우리가 설정한 '꿈의 고객'을 향해 있어야 한다. 콘텐츠는 유입을 만드는 도구이자, 브랜드의 첫인상을 형성하는 작업이기 때문이다.

이때 많은 사람이 혼동하는 지점이 있다. 사람을 데려오는 콘텐츠와 관심 있는 사람을 전환시키는 콘텐츠를 구분하지 않는다는 점이다. 겉으로 보기에는 모두 같은 콘텐츠처럼 보이지만, 실제 역할은 전혀 다르다. 처음 보는 사람에게는 가볍고 공감할 수 있으며, "이거 내 이야기 같은데?"라는 느낌을 주는 콘텐츠가 필요하다. 나는 이것을 '유입 콘텐츠'라고 부른다.

반면 이미 관심을 가진 사람이 더 깊이 머물 수 있도록 돕는 콘텐츠가 있다. 나라는 사람, 나의 관점과 방식에 대해 더 알고 싶은 사람을 위한 내용이다. 서비스의 강점, 철학, 실제 후기, 구체적인 해결 방식 등을 다루는 콘텐츠는 '전환 콘텐츠'에 해당한다.

만약 한 채널에 전환 콘텐츠만 반복해서 올라간다면, 대부분의 고객은 부담을 느끼고 떠난다. 사람들은 처음부터 결정을 강요받는 상황을 가장 불편해한다. 누군가를 처음 만났는데 곧바로 계약서를 내미는 것과 다르지 않다. 고객이 나를 알고, 신뢰하고, "이 사람이 나에게 도움이 될 것 같다."는 마음을 형성하는 과정이 충분히 선행되어야 한다.

그래서 이 단계에서 우리가 해야 할 일은 콘텐츠의 역할을 명확히 구분하는 것이다. 그리고 지금 내 채널에 어떤 유형의 콘텐츠가 얼마나 쌓여 있는지 점검해야 한다. 스스로는 유입 콘텐츠를 올리고 있다고 생각하지만, 실제로는 전환 콘텐츠만 반복하고 있을 가능성도 있다.

따라서 트래픽이 적을 때 가장 먼저 점검해야 할 질문은 이것이다.

"내 콘텐츠가 정말 사람을 데려오는 역할을 하고 있는가?"

결이 맞는 고객을 모아야 한다

유입을 위한 콘텐츠라고 해서 아무거나 올려도 되는 건 아니다. '사람이 많이 볼만한 것', '요즘 유행하는 것', '조회수가 잘 나오는 것'만 따라 하기 시작하면 일시적으로 사람은 모일 수 있다. 하지만 이렇게 모인 사람들은 우리가 원하는 꿈의 고객이 아닐 가능성이 크다.

유입 콘텐츠 역시 우리가 설정한 고객에게 맞아야 한다. 따라서 콘텐츠는 꿈의 고객이 관심을 가질 만한 주변 주제로 확장하는 방식으로 설계해야 한다. 예를 들어 나는 마케팅 회사를 운영하지만, 내 꿈의 고객은 사업, 돈, 시간 관리, 관계, 영업, AI 같은 주제에도 관심이 많다. 그래서 단순히 마케팅 이야기만 하는 것이 아니라, 그들이 실제로 고민하는 일상의 문제까지 연결해 콘텐츠를 제작한다. 그러면 전혀 엉뚱한 유입이 아닌 결이 맞는 유입을 만들 수 있다.

다음으로 중요한 것은 콘텐츠의 출발점이다.

많은 사람이 콘텐츠를 만들 때 '내가 하고 싶은 말'부터 떠올린다. 그러나 고객은 내가 하고 싶은 말에 관심이 있는 것이 아니라, 그것이 자신에게 도움이 되는지, 자신의 문제와 연결되는지, 자신의 상황을 이해해 주는지에 관심이 있다. 따라서 콘텐츠는 반드시 고객의 관심사에서 출발해야 한다.

고객이 반응하는 주제 세 가지

첫째, 고객은 자신의 문제와 직접 연결되는 이야기에 관심을 가진다. 지금 당장 해결하고 싶은 고통이 있을 때 고객은 가장 빠르게 반응한다.

둘째, 다른 사람의 경험을 통해 배우는 이야기다. 성공 사례도 좋지만 실패 사례는 더욱 강한 공감을 이끌어낸다.

셋째, 당장 실행해 볼 수 있는 작은 팁이나 행동 가이드다. 고객은 거대한 해결책보다 지금 바로 적용할 수 있는 작은 변화에 더 민감하게 반응한다.

이 지점에서 많은 사람이 이렇게 말한다. "나는 마케팅처럼 확장할 주제가 많은 업종이 아닌데?", "우리 업종은 유입 콘텐츠로 만들 이야기가 별로 없는데?" 그러나 대부분 이는 업종의 문제가 아니라, 주제를 충분히 깊게 고민하지 않았기 때문에 생기는 착각이다.

예를 들어 다이어트를 주제로 하는 사람을 떠올려 보자. 겉으로는 운동, 식단, 루틴, 체형 정도만 생각날 수 있다. 그러나 조금만 더 들어가 보면 무의식적인 습관, 스트레스와 폭식의 관계, 다이어트 실패가 인간관계에 미치는 영향, 체형 콤플렉스에서 비롯된 자신감 문제 등 훨씬 다양한 주제로 확장할 수 있다.

이런 주변 주제들은 결국 다시 다이어트로 연결된다. 고객은 공감하며 들어오고, 자연스럽게 핵심 주제로 이어진다.

이 원리는 내 사업에도 그대로 적용된다. 나는 마케팅 회사지만, 다른 곳과 달리 철학이나 무의식처럼 다소 깊은 주제도 함께 다룬다. 만약 이런 이야기를 처음부터 전면에 내세웠다면 사람들은 "여긴 이상한 곳 아닌가?" 하고 떠났을지도 모른다.

그래서 나는 처음부터 철학을 앞세우지 않았다. 대신 사업을 하며 누구나 겪는 현실적인 문제를 먼저 다뤘다. 매출이 오르지 않는 이유, 고객이 나를 선택하지 않는 이유, 직원 채용과 관리의 어려움, 사업을 할수록 점점 지치는 이유 같은 주제들이다.

이런 이야기들은 대부분의 사업가가 공통으로 겪는 고민이기 때문에 진입 장벽이 낮다. 그리고 그 문제를 하나씩 다루면서 "왜 이런 문제가 반복될까?", "겉으로 보이는 현상 뒤에 있는 원인은 무엇일까?"라는 질문으로 방향을 확장했다.

표면적인 문제에서 구조적인 문제로, 다시 내면의 무의식으로 천천히 시선을 옮겨 간 것이다. 어느 날 갑자기 철학을 던진 것이 아니라, 고객이 이미 공감한 문제를 따라가며 자연스럽게 내 세계관으로 안내했다.

그 결과 내 관점에 동의하는 사람이 하나둘 늘어났다. 이후에는 그 흐름을 타고 컨설팅을 신청하거나 대행을 맡기거나 코칭을 받는 사례도 생겼다. 이들이 처음부터 철학적인 이야기를 원했던 것은 아니다.

처음에는 단지 눈앞의 고민을 해결하고 싶었던 사람들이다. 그러나 콘텐츠가 그들의 문제를 정확히 짚고, 그 원인을 더 깊이 연결해 주는 과정을 통해 자연스럽게 내 방식과 관점을 받아들이게 된 것이다.

이처럼 유입 콘텐츠는 반드시 핵심 주제에서만 나와야 하는 것은 아니다. 핵심 주제를 중심에 두고, 그 주변에 있는 현실적인 고민에서 출발하면 된다. 고객의 문제는 하나의 요소로만 생기지 않는다. 여러 문제가 서로 연결되어 있고, 그 연결고리를 따라가다 보면 어떤 업종이든 충분히 확장 가능한 이야기들이 나온다.

그래서 "우리 업종은 소재가 없다."가 아니라 "내 고객은 어떤 문제들을 함께 안고 있을까?"라고 질문해야 한다. 그러면 유입 콘텐츠의 방향은 자연스럽게 보인다.

다만 한 가지 원칙은 분명하다.

이렇게 확장된 이야기들도 결국에는 다시 내 핵심 주제로 자연스럽게 돌아와야 한다는 점이다. 너무 멀리 벗어나면 고객은 "이 사람은 나와 상관없는 이야기만 하네."라고 느끼고 떠난다. 반대로 현실적인 고민을 다루되, 그 원인과 해결 방향이 자연스럽게 내 핵심 주제로 이어지도록 설계하면 고객은 부담 없이 내 세계로 들어온다.

고객에게 다음 행동을 반드시 안내해야 한다

유입 콘텐츠로 사람을 모으고 있다면, 그다음 단계는 행동 유도다. 콘텐츠 안에서 고객의 다음 행동을 자연스럽게 안내해야 한다. 사람들은 도움이 되는 글이나 영상을 보고도 스스로 다음 단계로 이동하지 않는다. 특별한 안내가 없으면 곧바로 다른 콘텐츠로 넘어가 버린다. 물론 이미 신뢰가 형성된 고객은 자발적으로 채널을 찾아오기도 한다. 그러나 대부분은 그렇지 않다.

그래서 콘텐츠 안에는 다음 단계로 이어지는 장치가 필요하다. 유입 콘텐츠에서는 "이 내용이 더 궁금하다면 여기에서 자세히 다뤘습니다.", "이 문제의 다음 단계는 이 글(또는 영상)에서 설명했습니다."처럼 자연스럽게 전환 콘텐츠로 연결해야 한다.

전환 콘텐츠에서는 "이 문제를 구체적으로 해결하는 방법은 홈페이지에 정리해 두었습니다."라고 안내하며 랜딩페이지로 이끈다. 그리고 랜딩페이지에서는 상담 신청이라는 명확한 행동으로 연결한다.

이 흐름은 블로그, 스레드, 릴스, 유튜브 등 어떤 채널이든 동일하다. 사람은 행동을 안내받을 때 움직인다. 안내가 없으면 '도움이 되는 콘텐츠였네.'라는 생각으로 끝나 버린다. 우리가 원하는 것은 좋아요 한 번 누르고 사라지는 사람이 아니라, 다음 단계로 한 걸음 더 들어오는 사람이다.

그래서 콘텐츠 안에는 반드시 작은 길 하나를 깔아 두어야 한다. 이 글 다음에 읽을 글이 있고, 그다음에는 더 깊은 이야기가 있으며, 자연스럽게 랜딩페이지로 이어지고, 결국 상담으로 연결되는 구조가 숨어 있어야 한다. 유입 → 전환 → 랜딩페이지 → 상담으로 이어지는 선이 콘텐츠 안에 설계되어 있어야 한다.

콘텐츠는 하나로 끝나는 점이 아니라, 다음으로 이어지는 선이어야 한다.

이 선을 만들어 두는 것만으로도 고객은 조금씩 우리 쪽으로 걸어오기 시작한다.

문의 또는 교육 시스템이 돌아가지 않을 때

랜딩페이지나 상세 페이지를 공들여 만들었는데도 문의가 오지 않는 경험은 대표라면 한 번쯤 겪게 된다. 나 역시 그랬다. 디자인에도 신경을 썼고, 사진도 넣었으며, 설명도 꽤 정성스럽게 작성했다. 완성한 뒤에는 "이제 이걸 보면 문의가 들어오겠지?"라는 기대가 자연스럽게 생겼다.

그러나 며칠이 지나도 휴대전화는 조용했고, 페이지 방문자도 거의 없었다. 보통 이때부터 불안이 시작된다. "내 서비스가 별로인가?", "무엇을 잘못 만든 걸까?"라는 생각이 밀려온다. 하지만 이런 상황에서 곧바로 랜딩페이지의 구성 요소를 하나씩 점검하기 시작하면, 사실상 처음부터 다시 쓰는 것과 다르지 않다. 그래서 나는 먼저 두 가지 데이터만 확인한다.

첫째는 방문자 수
둘째는 문의 또는 교육 시스템 신청자 수다.

이 두 가지만 살펴봐도 문제가 유입 부족인지, 페이지 설계의 문제인지 방향이 정리된다.

랜딩페이지 방문자 수가 지나치게 적다면, 이는 랜딩의 문제가 아니다. 단순히 사람이 들어오지 않은 것이다. 유입이 부족한데 전환을 기대하는 것은 무리다. 하루에 두세 명 들어오는 상황에서 전환율을 논하는 것은 공을 두 번 던져 보고 선수의 실력을 평가하는 것과 같다. 표본이 너무 적으면 어떤 판단도 정확할 수 없다.

따라서 문의가 없을 때 가장 먼저 던져야 할 질문은 이것이다.

"사람이 실제로 들어왔는가?"

이 질문에 대한 답이 '아니오'라면, 랜딩페이지를 붙잡고 있을 때가 아니다. 콘텐츠 시스템으로 돌아가 유입 콘텐츠가 제대로 사람을 데려오고 있는지, 전환 콘텐츠가 랜딩으로 자연스럽게 연결되고 있는지를 먼저 점검해야 한다. 랜딩페이지는 문 앞이고, 콘텐츠는 고객을 골목 끝에서부터 데려오는 흐름이다. 사람이 오지 않으면 문 앞이 아무리 화려해도 소용이 없다.

반대로 방문자는 어느 정도 꾸준히 들어오는데도 문의나 신청이 없다면, 그때부터는 랜딩페이지 내부를 보다 꼼꼼히 살펴볼 필요가 있다. 이때 중요한 기준이 바로 표본 수다. 나는 최소 100명 정도는 실제로 페이지를 방문해야 랜딩의 성능을 어느 정도 판단할 수 있다고 본다. 100명은 결코 큰 숫자가 아니다. 그러나 이 정도는 되어야 메시지의 문제인지, 고객과의 연결 구조 문제인지, 설득의 순서가 어긋난 것인지 구분할 수 있다. 표본 없이 판단하면 방향을 잘못 잡는 일이 반복된다.

표본이 쌓여야 비로소 전환율이라는 수치도 의미를 갖는다. 예를 들어 100명 중 한 명이 문의나 교육 신청으로 이어졌다면 전환율은 1%다. 10명이 행동했다면 10%다. 방문자가 1,000명이고 그중 100명이 신청했다면 이는 매우 높은 성과다. 업종에 따라 차이는 있겠지만, 나는 보통 전환율 목표를 5% 정도로 설정한다.

실제로 내가 진행한 무료 웨비나에서도 비슷한 경험이 있었다. 총 30명이 참여했고, 그중 네 명이 실제 결제로 이어졌다. 겉으로 보면 "30명밖에 참여하지 않았네?"라고 말할 수도 있다. 그러나 중요한 것은 그 30명이 모두 콘텐츠와 랜딩페이지를 통해 유입된 '꿈의 고객'이었다는 점이다. 나와 결이 맞는 사람이 모이면, 적은 표본 안에서도 전환율은 충분히 높일 수 있다.

그리고 그 30명을 모으기까지 수많은 콘텐츠를 발행해야 했다. 그 과정에서 수천 명이 내 메시지를 보고 지나갔다. 그중 공감한 사람만이 다음 단계로 들어왔다. 결국 전환은 우연히 발생하는 결과가 아니라, 맞는 사람을 꾸준히 데려오는 흐름 속에서 만들어지는 성과다.

고객은 아무 이유 없이 멈추지 않는다

랜딩페이지를 읽다가 문득 뒤로가기를 누르는 순간이 있다. 내 이야기 같지 않다고 느껴질 때, 흥미가 끊길 때, 혹은 신뢰가 흔들릴 때다. 만약 우리는 그 지점만 정확히 찾아내면, 수정해야 할 부분은 생각보다 많지 않다. 한두 군데만 손봐도 충분하다. 꼭 전체를 갈아엎을 필요는 없다.

지금까지 수없이 랜딩페이지를 분석해 본 결과, 고객이 스크롤을 멈추지 않고 나가는 이유는 대부분 비슷했다. 형태도, 업종도 달랐지만 문제가 발생하는 범위는 크게 네 가지 안에 있었다. 이 네 가지를 이해하면 왜 문의가 오지 않는지, 어디부터 고쳐야 하는지 보이기 시작한다.

첫 번째는, 랜딩페이지를 보는 사람이 "이건 내 이야기구나."라고 느끼지 못하는 경우다. 고객은 페이지에 들어오자마자 처음부터 끝까지 읽지 않는다. 몇 초 동안 훑어보며 자신과 관련이 있는지부터 판단한다.

그 판단이 "내 이야기 같다."로 이어져야 비로소 스크롤을 내린다. 그런데 많은 랜딩페이지가 이 기본 전제를 놓친다. 제목이나 첫 문단에서 대상 고객이 명확히 드러나지 않고 "누구나 활용할 수 있는 상품입니다."와 같은 표현으로 시작한다. 이런 문장은 무난해 보이지만 실제로는 아무에게도 닿지 않는다. 고객은 자신을 정확히 겨냥한 메시지에서만 멈춘다.

예를 들어 "블로그 1일 1포를 하고 있는데 반응이 없는 분이라면"과 같은 문장을 사용하면 특정 대상을 명확히 지목하기 때문에 시선을 붙잡는다. 랜딩은 반드시 특정인을 향해야 한다. 모두를 향하면 누구에게도 꽂히지 않는다.

두 번째는, 고객의 문제보다 서비스 설명이 먼저 나오는 경우다. 이는 대표들이 가장 쉽게 빠지는 함정이다. 랜딩페이지를 만들다 보면 자연스럽게 "우리 서비스는 이런 장점이 있고, 이런 기능이 있으며, 이런 철학을 담고 있습니다."라는 설명을 하게 된다. 그러나 고객은 설명을 들으러 온 것이 아니라 '내 상황이 나아질 수 있을지.'를 확인하러 온 사람이다.

고객이 먼저 듣고 싶은 말은 "지금 이런 상황이라 많이 답답하시죠?"라는 공감이다. 문제에 대한 이해가 먼저 제시되고, 해결 방식은 그다음에 나와야 한다. 공감 없이 해결책부터 제시하면 고객은 "이 사람은 내 상황을 잘 모르는 것 같다."라는 느낌을 받고 마음을 닫는다.

그래서 랜딩 첫 부분의 역할은 서비스를 자랑하는 것이 아니라 고객의 마음을 열어 주는 것이다.

세 번째는, 신뢰를 주는 증거가 부족한 경우다. 고객은 새로운 사람이나 새로운 서비스를 만날 때 본능적으로 경계한다.

아직 믿을 수 없기 때문이다. 겉으로는 "좋아 보이네."라고 생각해도, 속으로는 "정말 효과가 있을까?"라고 묻는다. 그래서 랜딩페이지에는 반드시 의심을 해소해 줄 근거가 필요하다. 후기, 사례, 실제 변화 과정, 고객의 메시지, 진행 결과 등 어떤 형태든 좋다.

신뢰는 화려한 문장이 아니라 실제 이야기에서 만들어진다. 특히 자신과 비슷한 사람이 변한 사례를 보면 고객은 "나도 가능할까?"라는 희망을 품고 다음 단계로 나아간다. 반대로 증거가 없으면, 아무리 좋은 메시지라도 "괜찮아 보이긴 하는데….."라는 상태로 페이지를 닫게 된다.

네 번째는 CTA(Call To Action), 즉 행동 유도 문구가 약하거나 모호한 경우다. 고객은 페이지를 읽다가 어느 순간 "그래서 나는 무엇을 하면 되지?"라고 스스로 묻는다. 이때 CTA가 분명하게 방향을 제시해야 한다. 그러나 많은 랜딩페이지가 "문의하기", "구입하기"처럼 단순한 문구를 사용하거나, CTA 버튼을 하단에 한 번만 배치한다.

그러면 마음이 움직였던 고객도 다음 행동을 하지 못한 채 이탈한다. CTA는 단순한 버튼이 아니라 "지금 당신이 할 수 있는 가장 작은 행동은 이것입니다."라고 안내하는 표지판이다. "10초 만에 받아 보기", "3분 안에 나와 맞는 방향 찾기"처럼 고객의 이익을 직접적으로 제시하는 문구가 훨씬 효과적이다.

고객은 안내를 받을 때 움직인다. 특히 랜딩페이지에서는 순간적인 판단이 이루어지기 때문에, CTA는 흐름을 끊지 않도록 여러 지점에 자연스럽게 배치해야 한다.

이 네 가지는 랜딩페이지를 수정할 때 반드시 먼저 점검해야 할 핵심 요소다. 나 역시 랜딩페이지의 반응이 없을 때 이 원칙을 그대로 적용했다.

예를 들어 후기나 가치 증명의 요소가 부족하다고 판단되면, 그 부분만 집중적으로 강화했다. 몇 문장을 덧붙이는 수준이 아니라, 고객 경험을 보다 입체적으로 보여주기 위해 직접 움직였다. 안동, 파주, 구미, 부안 등 고객이 있는 지역을 찾아가 대표들을 직접 만나 인터뷰하고 사진을 촬영했다. 그들이 어떤 문제를 겪고 있었는지, 무엇을 통해 해결했는지, 이후 어떤 변화가 일어났는지를 구체적으로 듣고 기록했다.

이 과정에서 확보한 생생한 이야기는 랜딩페이지에서 무엇과도 바꿀 수 없는 설득력이 되었다. 단순히 "좋았다."는 한 줄 후기가 아니라, 고객의 상황과 고민, 변화의 과정까지 담긴 맥락 있는 스토리는 훨씬 깊이 있게 전달된다. 고객은 결과보다 과정에 더 크게 반응한다.

도입부 역시 계속 다듬었다. 처음에는 모든 사람에게 말하려는 인상이 강했다. 그 결과, 첫 문장에서 "이건 내 이야기인가?"라는 확신을 주지 못해 이탈이 발생한다고 판단했다. 그래서 도입부를 더욱 구체적이고 선명하게 수정했다.

"이 문제를 가진 사람이라면 반드시 읽어야 하는 페이지"라는 인상을 주기 위해 공감 문장을 더 명확하게 다듬고, 고객의 문제를 직접적으로 짚어 주었으며, 그 해결의 실마리가 '이곳에 있다.'는 메시지를 초반부터 분명히 드러냈다. 고객은 첫 문장에서 "내 이야기다."라는 감정을 느껴야 다음 문단으로 넘어간다. 그 감정을 흔들림 없이 만들어 주는 것이 도입부의 역할이다.

이 과정을 반복하며 하나의 구조를 정리했다.

공감 → 문제 해결 암시 → 스토리 → 후기 → 해결 방법 제시

먼저 공감으로 고객의 마음을 붙잡고, 그다음 당신의 문제를 해결할 수 있다는 가능성을 제시했다. 이어서 실제 사례와 스토리로 감정을 열고, 후기와 객관적 증거로 신뢰를 완성했다. 그리고 마지막에는 고객이 지금 당장 취할 수 있는 구체적인 행동을 안내했다.

행동을 구체적으로 안내할 때 중요한 점은 고객이 왜 지금 움직여야 하는

지를 분명히 보여주는 것이다. 나는 실제 상황에 맞춰 인원을 한정하고 선착순 구조를 두었다. 이는 단순히 조급함을 유도하기 위한 장치가 아니라, 소수에게만 깊이 있는 도움을 제공할 수 있다는 현실적인 이유에서였다.

사람은 막연한 기회에는 쉽게 움직이지 않지만, '내가 들어갈 수 있는 자리가 아직 남아 있다.'라는 구체적인 신호에는 훨씬 빠르게 반응한다. 그래서 인원이 정해져 있다는 사실과, 그 안에 들어와야 지금 이야기한 문제를 실제로 해결할 수 있다는 맥락을 함께 설명했다.

이 흐름은 단순해 보이지만 고객의 감정이 열리는 순서와 정확히 맞닿아 있다. 결국 고객의 결정 과정은 논리의 싸움이 아니라 감정의 흐름이다. 그 흐름을 방해하지 않고 정확하게 안내하는 것, 그것이 랜딩페이지의 역할이다.

결국 랜딩페이지를 수정하는 일은 전부를 뒤엎는 작업이 아니다. 고객의 마음이 멈춘 지점을 찾아 그 부분을 다시 열어 주는 일이다. 고객의 감정이 움직이는 순서에 맞춰 페이지를 정비하면, 작은 변화가 전체 흐름을 바꾸고, 그 흐름이 다시 매출로 이어질 수 있다.

문의는 오는데
전환이 되지 않을 때

상담까지 오기는 하는데 결제로 이어지지 않을 때, 대부분의 사람은 가장 먼저 가격을 의심한다. "내 서비스가 비싼가?", "가격을 조금 낮추면 결제할까?", "혹시 요즘 경기가 안 좋아서 그런가?" 같은 생각이 든다.

하지만 상담 단계에서 결제가 일어나지 않는 이유는 가격 때문이라기보다 고객의 문제 정의가 제대로 이루어지지 않았기 때문인 경우가 훨씬 많다. 사실 모든 고객이 자신의 문제를 명확하게 인지하고 상담에 오는 것은 아니다. 대부분은 막연한 불편함만 안고 온다.

"매출이 말도 안 되게 들쭉날쭉해요."
"상담은 오는데 결제가 잘 안 돼요."
"사업이 뭔가 계속 제자리걸음 같아요."

이런 말들은 표면적인 이야기인 경우가 많다. 이때 고객 자신조차 진짜 문제가 무엇인지 알지 못하기 때문에, 상담에서 단순한 설명이나 서비스 소개만으로는 결코 마음을 움직일 수 없다. 나 역시 상담은 설득이 아니라 정확한 문제 정의가 핵심이라는 사실을 이해한 순간부터 전환율이 달라지기 시작했다.

고객이 상담에 들어왔다는 것은 이미 어느 정도 신뢰와 호기심을 가지고 있다는 뜻이다. 솔직히 말해, 여기까지 온 사람은 나를 믿고 싶어 하는 상태다. 그런데도 결제가 일어나지 않았다면, 고객에게 확신을 주지 못했다는 의미다.

그 확신을 주기 위해서는 고객의 니즈를 정확히 파악하고 정리해주는 과정이 반드시 필요하다. 이 과정이 빠져 있으면 어떤 설명을 덧붙여도 상담은 공중에 뜨고, 결국 고객은 "생각해 볼게요."라는 말로 상담을 마무리하게 된다.

상담은 고객의 마음속에 낀 구름을 걷어내고, 그 뒤에 숨은 문제의 정체를 함께 확인하는 과정이다. 고객이 스스로 "맞아요, 저는 지금 이 문제가 있었던 거예요."라고 말하는 순간, 사실 결제는 절반 이상 이루어진 것이다. 사람은 자신이 해결할 수 있다고 느끼는 문제에만 돈을 쓴다.

나는 이 사실을 깨닫기까지 오랜 시간이 걸렸다. 콜센터, 영업 지원, 출고 업무, 마케팅 영업 전화, 헬스 트레이너까지 다양한 일을 하며 상담을 몸으로 배웠다. 하지만 처음에는 나 역시 상담을 설득의 자리라고 생각했다.

고객이 금방 전화를 끊을 것 같았고, 헬스장에서 일어나 문을 박차고 나갈 것만 같았다. 상대가 금세 흥미를 잃을 것 같은 느낌에 조급해지기도 했다. 조급해지니 상품의 장점부터 서둘러 말하고, 가격이 왜 합리적인지 설명하고, "이게 고객님께 꼭 필요합니다." 같은 말을 쏟아냈다. 그런데 상담이 잘될 리 없었다. 지금 생각해보면 내가 조급하니 고객도 불안하고 부담스러웠던 것이다. 사람은 상대의 감정을 말보다 먼저 느낀다. 조급하면 조급함이 전달되고, 부담을 주면 그 부담이 고스란히 전해진다.

그러다 나는 중요한 사실을 깨달았다. 상담에서 가장 먼저 편안해야 할 사람은 바로 나라는 것이다. 내가 편안해야 고객도 편안해진다. 내가 멈춰 있어야 고객의 말이 들린다. 내가 판매하려고 서두른다는 느낌이 조금이라도 나면, 고객은 본능적으로 경계한다.

그래서 나는 상담에서 내가 말하는 것보다 고객이 더 많이 말하도록 만드는 데 집중하기 시작했다. 고객이 자신의 이야기를 꺼내기 시작하면 상담은 이미 절반 이상 편해진다. 고객이 스스로 문제를 말하고, 그 문제를 함께 정리하다 보면 자연스럽게 최종 니즈가 드러난다. 그리고 목표도 분명해진다. 이때가 바로 해결책을 제시할 수 있는 유일한 타이밍이다.

고객의 문제와 목표가 또렷해진 순간, 내가 가진 서비스가 그 문제를 해결해줄 수 있는 흐름에 정확히 들어맞으면 상담의 결론은 자연스럽게 "그럼 어떻게 진행하면 될까요?"로 이어진다. 이렇게 보면 상담은 결코 단순한 영업이 아니다.

상담의 핵심은 문제를 정확히 정의해 주는 일이다.

상담은 고객이 자신의 상황을 정확히 이해하도록 돕고, 그 상황에서 벗어날 수 있는 방법을 함께 찾는 과정이다. 고객이 진짜 원하는 것은 설명이 아니라 "이 사람이라면 내 문제를 함께 해결해줄 수 있겠다."라는 감정이다. 그리고 그 감정은 말로 만드는 것이 아니라 구조로 만든다.

고객이 자신의 이야기를 충분히 하고, 나는 그 이야기를 정확히 정리해주고, 정리된 문제와 해결 방법이 나의 서비스와 자연스럽게 연결되는 순간, 결제는 강요 없이 이루어진다. 결국 상담의 핵심은 "나를 신뢰하세요."라는 외침이 아니라, "나는 당신의 이야기를 정확히 듣고 있습니다."라는 태도다.

그래서 상담에서 가장 먼저 해야 할 일은 설명이 아니라 듣기다. 고객이 어떤 말을 하는지, 어떤 표현을 반복하는지, 무엇을 두려워하는지, 어떤 실패 경험을 가지고 있는지 세심하게 귀 기울여야 한다. 이때 대표가 서둘러 해결책부터 제시하면 고객은 "이 사람은 내 이야기를 다 듣지도 않았는데 벌써 결론을 내리네."라고 느끼고 마음을 닫는다.

상담은 치료와 비슷하다.

정확한 진단이 내려지지 않았는데 처방전부터 내미는 의사를 신뢰하기는 어렵다. 그래서 나는 상담을 할 때 고객이 사용하는 단어를 그대로 다시 정리해주려고 한다. "그러니까 대표님이 느끼시는 가장 큰 문제는 매출 자체가 아니라, 매달 불규칙해서 미래가 보이지 않는다는 불안감인 거죠?" 이런 문장은 고객이 스스로 자신의 문제를 다시 확인하게 만든다. 그리고 이 과정에서 고객은 내가 자신의 상황을 정확히 이해하고 있다는 믿음을 갖게 된다.

고객과의 상담을 연애에 비유하는 사람도 많다. 실제로 상담의 본질은 연애와 닮은 부분이 많다. 소개팅 자리에 나갔는데 상대가 앉자마자 자신의 장점을 줄줄 나열하고, 마치 취재하듯 질문 공세를 퍼붓는다고 생각해보자. 상대는 부담을 느끼고 마음을 닫을 수밖에 없다. 내 장점은 상대가 궁금해할 때, 스스로 질문이 생겼을 때 말할 때 가장 자연스럽게 빛난다. 반대로 편안한 대화 속에서 서로를 조금씩 알아가고, 상대가 내 이야기에 미소를 지을 때 소개팅 자리는 훨씬 따뜻해지고 다음 만남이 기대된다.

상담도 마찬가지다. 여유 있는 사람은 심리적으로도 매력적이다. 나를 꼭 선택해달라는 조급함이 느껴지지 않기 때문이다. 고객 입장에서도 그렇다. 정말 실력이 있고 고객이 많은 회사는 상담 자리에서도 여유가 느껴진다. 급하게 팔려는 인상을 주지 않는다. 나는 그 여유가 단순한 자신감이 아니라, 문제를 정확히 해결할 수 있다는 확신에서 나온다는 것을 깨달았다.

그리고 이 여유는 경험이 쌓일수록 단단해진다. 수많은 고객을 만나고, 다양한 고민을 듣고, 문제를 해결하는 과정을 반복하면서 나만의 언어와 상담 흐름이 생긴다. 경험이 쌓이면 더 이상 고객에게 잘 보이려고 애쓰지 않아도 된다. 고객이 먼저 신뢰를 보낸다.

그렇다면 아직 고객을 많이 만나보지 못한 사람은 어떻게 해야 할까?

바로 그 질문에 답하기 위해 이 책을 쓰고 있다. 내가 생각하는 상담에서 가장 중요한 단 하나의 태도는 진정성 있게 고객의 고민을 함께 생각하는 마음이다. 공감하려는 마음, 이 사람의 문제를 어떻게든 해결해주고 싶다는 마음이 있다면 상담의 톤과 방향은 자연스럽게 달라진다.

판매하려는 마음으로 상담하면 고객은 그 기운을 그대로 느낀다. 하지만 고객의 문제를 함께 들여다보며 "이 문제를 같이 풀어봅시다."라는 태도로 임하면, 그 에너지는 그대로 전달된다. 그 순간 고객은 '이 사람은 나를 이해하는 사람이다.'라는 신뢰를 느낀다.

이제 신뢰가 형성되었다면 상담은 다음 단계로 넘어가야 한다. 고객의 문제를 충분히 정리해 주었다면, 그다음에는 문제를 해결할 수 있다는 가능성을 보여줘야 한다. 이때 설명을 길게 늘어놓을 필요는 없다. 고객이 듣고 싶은 것은 구체적인 해결 과정이 아니라 "내가 이 상태에서 벗어날 수 있겠구나."라는 희망이다.

그래서 나는 상담에서 해결책의 핵심 구조만 간단히 제시한다. "지금 대표님 상황을 보면, 이 세 가지만 먼저 정리되면 매출이 안정될 겁니다."와 같이 말이다. 이 한마디가 고객에게는 길이 보이기 시작하는 순간이 된다. 해결책의 전부를 설명하는 것이 아니라, 고객이 따라갈 수 있는 최소한의 지도를 펼쳐주는 것이다. 이 과정이 있어야 고객은 안정감을 느끼고 다음 단계로 나아간다.

많은 사람이 상담에서 실수하는 지점이 있다. 바로 서비스 설명에 지나치게 많은 시간을 쓰는 것이다. 그러나 고객은 우리 서비스의 구성이 얼마나 훌륭한지 알고 싶어서 상담을 신청한 것이 아니다. 자신의 상황을 정확히 이해하고, 그 문제를 해결할 수 있는 길이 있는지 확인하기 위해 상담 자리에 앉는다. 상품 및 서비스에 대한 상세한 설명은 고객이 결심한 이후에도 충분하다.

상담에서 전환이 멈추는 또 하나의 이유는 대표의 가격에 대한 확신 부족이다. 대표의 언어와 표정, 말투에는 가격에 대한 감정이 그대로 드러난다. "혹시 비싸다고 하면 어쩌지?", "이 정도 가격을 받아도 될까?"라는 생각이 스치는 순간, 고객은 그 미묘한 흔들림을 감지한다. 그러면 상담 분위기는 서서히 흐트러지고, 고객은 이유를 명확히 설명하지 못한 채 "생각해 볼게요."라는 말로 대화를 마무리한다.

나 역시 이 함정을 경험한 적이 있다. 나는 할인을 하지 않는 사람이다. 첫 업체를 제외하고는 단 한 번도 가격을 낮춰준 적이 없다. 그런데 마케팅 시스템에 대한 확신이 충분히 자리 잡지 않았던 어느 날, 상담 중에 나도 모르게 "조금은 조정해 드릴 수 있습니다."라는 말을 꺼내고 말았다. 그 고객은 계약서를 쓰자고 했지만 결국 연락이 끊겼다. 돌이켜보면 이유는 분명하다. 내 확신이 흔들린 순간, 고객의 신뢰도 함께 흔들린 것이다.

고객은 할인을 좋아하는 것처럼 보이지만, 실제로는 흔들리지 않는 사람을 더 신뢰한다. 할인은 기쁨보다 의심을 먼저 불러일으키기도 한다. '이 서비스가 정말 그만한 가치가 있는 걸까?'라는 질문이 생기기 때문이다.

그래서 나는 할인 요청이 들어오면 이렇게 말한다. "가격을 낮춰드릴 수는 없지만, 대신 대표님께 꼭 필요한 부분을 더 깊이 도와드리겠습니다." 가격을 낮추는 대신 가치를 높이는 방식으로 접근하는 것이다. 고객이 진짜로 원하는 것은 낮은 금액이 아니라, 문제를 확실히 해결할 수 있다는 확신이다.

상담에서 보여줘야 할 것은 해결 가능성이다

고객은 돈 때문에 떠나는 것이 아니라, 해결의 가능성을 느끼지 못해 떠나는 경우가 훨씬 많다. 생각해 보자. 자신의 인생을 완전히 바꿀 수 있는 확실한 방법을 눈앞에서 보게 된다면, 과연 돈을 쓰지 않을 수 있을까?

지금 겪는 문제에서 분명히 벗어날 수 있다는 확신이 있다면 사람은 어떻게든 그 길을 선택하려 한다. 다소 극단적인 예이지만, 부모가 억울하게 감옥에 갔고 보석금이 필요하다면 사람은 어떤 방식으로든 돈을 마련하려 할 것이다. 그 돈이 반드시 해결해야 할 문제와 직결되어 있기 때문이다.

결국 사람은 필요하고, 반드시 해결해야 하며, 해결 가능성이 보인다고 느끼는 순간 지갑을 연다. 상담도 마찬가지다. 고객이 자신의 문제를 명확히 이해하고, 해결의 가능성을 확인하며, 그 길을 함께 걷고 싶다는 마음이 생기는 순간 결제는 자연스럽게 이루어진다.

따라서 상담은 설득이 아니라 안내다. 고객의 마음이 어디에서 멈춰 있는지 살피고, 그 지점을 하나씩 열어주는 과정이다. 구조를 아는 것만으로는 충분하지 않다. 실제 대화 속에서 어떤 태도로 말하는지, 어떤 순서로 흐름을 잡는지, 어떤 마음으로 고객을 마주하는지가 그대로 전달된다.

매출의 안정성은 재구매에서 시작된다

사업은 지속하면 할수록 결국 하나의 공통된 결론에 도달한다. 신규 고객을 계속 유치하는 것도 중요하지만, 사업을 실제로 버티게 만드는 힘은 그 이후에 나온다는 사실이다.

많은 사람이 마케팅을 "어떻게 하면 더 많은 사람이 오게 할까?"에만 집중하지만, 일정 시간이 지나면 반드시 이런 질문을 하게 된다.

"왜 이렇게 계속 힘들지?"
"왜 매달 처음부터 다시 시작하는 느낌이 들지?"
"조금만 쉬어도 매출이 바로 꺾이는 이유는 뭘까?"

이 질문의 답은 대부분 재구매 구조에 있다.

고객은 결제하는 순간 끝나는 존재가 아니다. 오히려 결제 이후에 비로소 진짜 고객이 된다. 상담을 신청하고, 결제하고, 서비스를 경험하는 그 시점부터 고객은 우리 브랜드와 관계를 맺기 시작한다. 이때 고객이 어떤 감정을 느끼느냐에 따라 그 관계는 아주 짧게 끝날 수도 있고, 몇 년간 이어질 수도 있다. 많은 대표들이 이 지점을 놓친다. "일단 결제했으니 됐다."라고 생각하는 순간, 재구매의 가능성은 급격히 낮아진다.

사후 케어는 단순한 친절이나 서비스 차원의 문제가 아니다. 사후 케어는 고객의 감정을 설계하는 영역이다. 고객은 서비스를 이용하면서 계속해서 스스로에게 질문한다. "이 선택은 잘한 걸까?", "내 돈이 아깝지는 않을까?", "이 사람은 나를 어디까지 책임져 줄까?" 이 질문에 대한 답이 긍정적으로 쌓이면 고객은 자연스럽게 다음 선택을 우리에게 맡긴다. 반대로 그 답이 흐릿하면, 결과가 나쁘지 않았더라도 관계는 거기서 끝난다.

재구매는 만족에서 시작되지 않는다. 만족은 너무 약한 감정이다. "괜찮았다." 정도의 감정으로는 다시 지갑이 열리지 않는다. 재구매는 신뢰에서 시작되고, 신뢰는 기대를 만든다. 고객이 "이 사람은 다음 단계도 나보다 더 잘 알고 있을 것 같다."라는 기대를 갖는 순간, 재구매는 설득이 아니라 자연스러운 선택이 된다. 그래서 재구매 구조를 만들 때 가장 중요한 질문은 이것이다.

"내 서비스가 끝난 뒤, 이 고객은 어떤 상태에 놓이게 되는가?"

많은 서비스는 끝나는 구조로 설계되어 있다. 한 달 코칭, 한 번의 프로젝트, 단기 프로그램. 여기서 문제가 되는 것은 기간이 짧다는 점이 아니다. 끝난 뒤의 장면이 설계되어 있지 않다는 점이다.

고객은 서비스를 마치고 나면 혼자 남는다. 혼자 실행해야 하고, 혼자 흔들리고, 혼자 다시 문제를 마주한다. 이때 고객의 머릿속에는 자연스럽게 이런 생각이 떠오른다. "다시 도움을 받을 수 없을까?", "누군가 옆에 있었으면 좋겠는데." 바로 이 지점이 재구매가 만들어지는 자리다. 재구매가 잘 일어나는 사업들을 보면 공통점이 있다. 상품을 여러 개 팔아서가 아니라, 고객의 변화 과정을 단계로 나누어 설계해 두었다는 점이다.

헬스 트레이너를 떠올려 보자. 한 달 만에 운동으로 인생이 바뀌는 사람은 없다. 그래서 좋은 트레이너일수록 몸이 변하는 과정을 단계로 설명한다. 지금은 기초 체력을 만드는 단계이고, 그다음은 습관을 잡는 단계이며, 그다음은 체형을 다듬는 단계라고 말한다. 고객은 이 설명을 듣는 순간 "아, 아직 끝난 게 아니구나."라고 느낀다. 그래서 연장이 자연스럽게 이루어진다. 억지로 붙잡지 않아도 된다.

이 구조는 코칭, 교육, 컨설팅, 대행 등 다양한 분야에 그대로 적용된다. 내가 코칭했던 건강 코칭을 하는 사회 초년생의 사례도 비슷했다. 처음에는 한 달 코칭으로 시작했고, 그 기간 동안 그가 할 수 있는 건 전부 쏟아 부었다. 식단부터 운동, 루틴, 마인드까지, 하나도 빠짐없이 전달했다.

그런데 시간이 지나면서 고민이 생겼다. 고객의 만족도와는 별개로, 이 구조가 지나치게 불안정하다는 생각이 들었다. 한 달 코칭이 끝나면 관계도 함께 종료됐고, 다시 새로운 고객을 모집하기 위해 또다시 론칭을 준비해야 했다. 매번 홍보하고, 설명하고, 설득하며 처음부터 다시 시작해야 하는 구조였다.

그래서 그때부터 재결제 구조를 함께 고민하기 시작했다. 헬스 트레이

너처럼 한 달 코칭으로 끝내는 것이 아니라, 흐름을 단계로 나누고 고객의 속도에 맞춰 조정하는 방식으로, 한 달이 끝난 이후에도 점검과 조율이 이어질 수 있는 구조를 만들고자 제안했다. 또한 수강생이 스스로 점검할 수 있도록 도구와 체크리스트를 제공하는 방안도 고민하며 적용해보고 있다.

온라인 비즈니스에서도 원리는 같다. 무신사가 잘하는 이유는 단순히 쿠폰을 많이 주기 때문만은 아니다. 무신사는 처음부터 고객이 다시 돌아올 이유를 구조 안에 넣어 두었다. 한 번의 구매로 관계가 끝나는 구조가 아니라, 구매 이후에 다음 행동이 자연스럽게 이어지도록 설계되어 있다.

회원 등급을 나누고, 누적 구매 금액에 따라 혜택을 달리하며, 포인트가 쌓여 다음 소비로 연결되도록 만든다. 이 모든 장치는 "지금 여기서 끝내지 말고, 다음에 한 번 더 와도 괜찮다."라는 신호를 지속적으로 보내는 역할을 한다.

그래서 고객은 다시 구매하면서도 '또 결제했다.'라는 느낌보다 '이왕이면 여기서 하는 게 낫지.'라는 감정을 갖게 된다. 무신사가 매번 새로운 고객을 설득하지 않아도 되는 이유는, 이미 한 번 들어온 고객이 구조에 의해 다시 돌아오도록 설계되어 있기 때문이다.

주언규 PD의 비즈니스도 같은 흐름을 보인다. 유튜브 코칭이라는 상품만 놓고 보면 일정 기간이 지나면 끝나는 서비스다. 하지만 그 코칭의 핵심은 지식을 전달하는 데 있지 않다. 실제로 실행하게 만드는 데 있다. 그래서 코칭 과정에서 자연스럽게 뷰트랩이라는 실행 도구를 함께 사용하도록 한다. 중요한 점은 이 도구가 코칭이 끝난 뒤 갑자기 등장하는 추가 상품이 아니라는 것이다. 코칭을 받는 동안 이미 고객은 그 도구를 활용해 문제를 정리하고, 방향을 설정하고, 실행하는 경험을 한다.

그럼 자연스럽게 뷰트랩에 익숙해지고, 편해지고, 가치를 체감한다. 그래서 코칭이 끝난 뒤의 결제는 새로운 상품을 구매하는 행위라기보다, 지금까지 이어 온 흐름을 유지하는 선택에 가깝다. "이걸 계속 쓰면 혼자서도 정리할 수 있겠네."라는 감정이 들면 결제는 큰 고민 없이 이어진다. 이것은 판매가 아니라 문제 해결의 연장이다.

결국 재구매는 설득의 문제가 아니다

재구매의 본질은 다음 상품을 얼마나 잘 포장하느냐의 문제가 아니다. 고객이 이미 들어와 있는 흐름을 어디에서 끊지 않고 이어 가게 하느냐의 문제다. 사람은 새로운 결제에는 신중해지지만, 이미 익숙해진 흐름을 유지하는 데에는 훨씬 관대하다. 그래서 재구매는 설득의 문제가 아니라 구조의 문제다. 고객이 머물 자리를 만들어 두면 굳이 붙잡지 않아도 돌아온다.

나 역시 마케팅 대행사를 운영하면서 재결제의 중요성을 절실하게 느꼈다. 나는 대행 계약을 6개월, 1년 단위로 묶지 않았다. 무조건 한 달 단위로 진행했다. 겉으로 보면 불안해 보일 수도 있다.

하지만 이 구조는 나에게 엄청난 긴장감을 주었다. 다음 달 결제를 받으려면 이번 달에 반드시 성과와 만족을 만들어야 했다. 그래서 매달 다음 달 계획을 함께 세우고, 진행 상황을 공유하며, 문제를 같이 해결했다. 우리는 단순한 외주 관계가 아니라 파트너 관계가 되었다. 이 경험은 나에게 확신을 주었다. 재구매는 단순히 고객을 붙잡는 기술이 아니라, 사업을 성장시키는 구조라는 사실을 말이다.

재구매 다음에는 자연스럽게 추천이 따라온다. 사람은 경험을 믿는다. 특히 자신이 직접 좋은 경험을 한 경우에는 말하지 않기가 더 어렵다. "나 이거 해봤는데 진짜 괜찮아."라는 말은 의도하지 않아도 나온다. 이 순간이 바로 구전의 순간이다. 추천은 요청해서 생기지 않는다. "소개 좀 해주세요."라고 말한다고 만들어지는 것이 아니다. 추천은 고객이 스스로 "이 사람은 믿어도 돼."라고 판단했을 때 발생한다. 그리고 그 판단은 대부분 결제 이후의 경험에서 형성된다.

사업을 오래 하고 싶다면 이제 질문을 바꿔야 한다.

"이 고객은 나와 얼마나 오래 함께 갈 수 있을까?"

이 질문에 대한 답을 만들기 시작하는 순간, 재구매는 결과가 아니라 구조가 되고 사업을 단단히 지탱하는 가장 강력한 힘이 된다.

사업을 하다 보면 어느 순간 숫자보다 감정이 더 버거워질 때가 온다. 이것은 내 경험일 뿐 아니라, 나보다 훨씬 오래 사업을 해 온 대표들과 이야기를 나누며 더욱 확신하게 된 부분이다. 아무리 열심히 해도 계속 제자리에서 바퀴만 도는 것 같고, 잠깐만 손을 놓아도 바로 불안해진다.

그때 많은 사람이 자신의 능력을 의심한다. 내가 더 잘해야 하나, 더 공부해야 하나, 내가 많이 부족한 건 아닐까 하고 말이다. 하지만 이

CHAPTER를 통해 분명해졌을 것이다. 대부분의 문제는 나의 능력이나 의지가 아니라 구조에 있었다.

사람이 들어오지 않으면 콘텐츠를 점검하고, 사람이 와도 머물지 않으면 랜딩을 점검하고, 상담까지 왔는데 결제가 되지 않으면 전환을 점검하고, 결제 이후에 남지 않으면 재구매 구조를 점검하면 된다. 이 흐름을 하나씩 점검하고 다듬기 시작하면 사업은 점점 단단하게 자리 잡을 것이다.

이 CHAPTER의 목적은 정답을 주는 것이 아니라, 흔들릴 때 다시 돌아올 기준점을 만드는 데 있었다. 이제 시스템이 멈춘 것처럼 느껴지는 순간이 와도 어디서부터 점검해야 할지는 분명해졌을 것이다. 그리고 그 인식 하나만으로도 사업은 이전보다 훨씬 덜 외롭고, 훨씬 덜 불안해질 것이다.

내 사업의 흐름은 어디에서 끊기고 있는가

7단계 시스템은 알고 있는 것만으로는 아무 의미가 없다.
실제로 작동하는지, 어디에서 멈추고 있는지가 더 중요하다.
아래 체크리스트로 지금 내 사업의 상태를 점검해보자.

■ 1단계: 사업 기획의 기준

☐ 내 사업이 세상에서 사라지면 누가 아쉬워할지 구체적으로 답할 수 있다.

☐ 사용 가치와 의미 가치 중 내가 집중해야 할 영역을 알고 있다.

☐ 내 업종의 어두운 이면(고객이 지쳐 있는 문제)을 정면으로 해결하는 원칙이 있다.

■ 2단계: 꿈의 고객 정의

☐ 꿈의 고객 단 한 명을 구체적으로 설명할 수 있다.

☐ 그 사람이 실제로 쓰는 말투와 검색하는 키워드를 알고 있다.

☐ 꿈의 고객이 모여 있는 커뮤니티나 SNS를 직접 찾아가 본 적이 있다.

■ 3단계: 콘텐츠 운영 체계

☐ 유입 콘텐츠와 전환 콘텐츠의 역할을 구분하고 있다.

☐ 전체 콘텐츠 중 문제 해결 콘텐츠의 비율이 70% 이상이다.

☐ 콘텐츠 안에 다음 단계로 이어지는 안내(링크, 행동 유도)가 있다.

■ 4단계: 랜딩페이지 설계

☐ 서비스 설명보다 고객의 문제 공감이 먼저 나온다.

☐ 후기, 사례, 전후 비교 등 신뢰를 주는 객관적 근거가 있다.

☐ CTA(행동 유도)가 명확하고, 페이지 내 여러 지점에 배치되어 있다.

■ 5단계: 신뢰 구조 설계

□ 콘텐츠 이외에도 고객과의 접점을 강화할 수 있는 수단이 있다.

□ 네 개 이상의 매체에서 고객과 접점을 만들고 있다.

□ 고객이 7시간 이상 내 콘텐츠를 소비할 수 있는 분량이 쌓여 있다.

■ 6단계: 구매 결정을 이끄는 장치

□ 고객의 온도(차가운/따뜻한/뜨거운)를 구분하고 각각 다르게 대응한다.

□ 고객의 문제를 정리해주고, 그 문제가 해결 가능하다는 확신을 전달한다.

□ 결제 직후 첫 경험(작은 행동 제시)을 의도적으로 설계하고 있다.

■ 7단계: 재구매를 만드는 흐름

□ 기존 고객이 다시 구매하거나 연장한 경험이 있다.

□ 고객의 소개로 새로운 고객이 들어온 적이 있다.

□ 서비스 종료 후에도 고객과 연결이 유지되는 구조가 있다.

각 단계에서 체크가 부족한 부분이 보였다면,

그 지점이 지금 흐름을 막고 있는 곳이다.

한 번에 다 바꾸려 하지 말고,

가장 약한 단계 하나만 골라 하나씩 고쳐보자.

그 작은 변화가 전체 흐름을 바꾸는 시작이 된다.

PART 3

오래가는 사업가의 조건

시스템을 알아도 멈추는 순간이 온다.

감정이 무너지고,
루틴이 깨지고,
스스로를 의심하는 날이 반드시 찾아온다.

그때 다시 돌아올 수 있느냐 없느냐가 사업의 끝을 결정한다.

결국 성공하는 사람은 실패했을 때
돌아올 길을 미리 만들어 둔 사람이었다.

PART 3에서 그 길을 어떻게 설계하는지 함께 알아보자.

CHAPTER 7

결국 버티는 사람은
따로 있다

사업은 단거리 경주가 아니다.

결국 이기는 사람은 더 빠른 사람이 아니라 끝까지 남아 있는 사람이다.

사업은 기세다,
오래 버티는 사람이 남는다

많은 사람이 '기세'라는 말을 들으면 의욕, 근성, 멘탈을 떠올린다.

더 열심히 해야 하고, 더 긍정적으로 버텨야 하며, 어떤 상황에서도 흔들리지 말아야 한다고 생각한다. 부족한 것은 능력이 아니라 마음가짐이라고 여긴다. 그래서 스스로를 다그친다. 이번에는 반드시 해내겠다고, 절대 무너지지 않겠다고 다짐한다.

하지만 현실의 사업은 그런 다짐만으로 굴러가지 않는다.

의욕은 며칠이면 사그라지고, 근성은 체력이 떨어지면 힘을 잃는다. 긍정적인 태도 역시 결과가 따라주지 않으면 쉽게 흔들린다. 매출이 기대에 못 미치고 반응이 없으며, 노력에 비해 성과가 보이지 않는 순간, 단단하던 마음에도 균열이 생긴다. 사업을 오래 해본 사람일수록 이 사실을 잘 안다. 사업은 감정의 높낮이와 상관없이 흘러가야 한다는 것을 경험으로 배웠기 때문이다.

여기서 말하는 기세는 마음가짐의 문제가 아니다. 성격이나 멘탈의 강약 문제도 아니다.

기세는 구조다

기세는 잘될 때 더 밀어붙이는 힘이 아니라, 무너질 수밖에 없는 날에도 다시 제자리로 돌아오게 만드는 힘이다. 잠시 흔들려도 완전히 꺾이지 않도록 받쳐 주는 설계, 그것이 내가 말하는 기세다.

사업을 하다 보면 아무리 시스템을 잘 만들고 전략을 이해하며 실행 방법을 알아도 결국 멈추는 순간이 온다. 계획했던 루틴이 깨지고 콘텐츠 발행이 멈추며 상담이 밀린다. 간단한 일조차 버거워지는 날이 생기고, 해야 할 일을 알면서도 손이 움직이지 않는 시간이 찾아오기도 한다.

이것은 단순히 의지가 약해서 생기는 일이 아니다. 누구에게나 반드시 찾아오는 구간이다. 오히려 진심으로 사업을 하는 사람일수록 더 크게 겪는다.

하지만 문제는 그다음이다. 어떤 사람은 그 지점에서 완전히 이탈하고, 어떤 사람은 다시 돌아온다. 그 차이를 만드는 것은 각오의 크기가 아니라, 되돌아오는 길이 준비되어 있었는지의 여부다. 이기는 사람은 무너지지 않는 사람이 아니라, 무너진 뒤에도 복귀하는 사람이다.

대부분은 스스로에게 지나치게 많은 것을 기대한다.

"이번에는 진짜 꾸준히 해보자."
"이번에는 흔들리지 말자."
"이번에는 다르게 해보자."

그러나 이런 다짐은 대개 비슷한 방식으로 끝난다. 며칠은 잘 가다가 한 번 무너지면 그다음은 더 어려워진다. 흐름이 끊기고 자신감이 떨어지며 다시 시작할 힘조차 사라진다. 이유는 단순하다. 무너졌을 때 다시 시작하는 방법을 미리 만들어 두지 않았기 때문이다.

"우리는 늘 시작하는 법만 고민하고, 돌아오는 법은 고민하지 않는다."

책을 여기까지 읽어온 사람이라면, 지금 내가 무엇을 해야 하는지 전혀 모르는 상태는 아닐 것이다. 콘텐츠를 어떻게 쌓아야 하는지, 랜딩페이지를 어떻게 보완해야 하는지, 상담 과정에서 무엇을 개선해야 하는지도 알고 있다. 정보는 충분하다. 문제는 이해가 아니라 지속이다. 지속은 마음이 아니라 환경과 구조에서 나온다.

버티는 사람은 특별해서 버티는 것이 아니다. 강해서가 아니라 무너져도 다시 돌아올 수 있도록 설계해 둔 사람이다. 감정이 바닥을 칠 때에도 최소한의 행동이 유지되도록 자신을 둘러싼 환경을 정리해 둔다.

이 CHAPTER에서 나는 단순히 의욕을 끌어올리는 방법을 말하려는 것이 아니다. 의욕이 바닥났을 때에도 최소한의 행동이 유지되도록 만드는 환경을 다루려 한다. 멘탈을 단단하게 만드는 법을 이야기하는 것도 아니다. 감정이 흔들릴 때 빠져나올 출구를 어떻게 마련할 것인지 설명하려는 것이다. "무조건 자기 확신을 가져라."라고 말하지도 않는다. 대신 내 행동을 점검하며 확신이 쌓여가는 과정을 말하려 한다.

사업을 오래 하는 사람들에게는 공통점이 있다. 그들은 완벽하지 않다. 늘 흔들리고 자주 지치며, 때로는 모든 것을 내려놓고 싶어 한다. 그러나 결정적인 차이가 하나 있다. 완전히 놓아버리지는 않는다는 점이다. 하루를 망쳐도 다음 날 다시 책상 앞에 앉고, 일주일을 흘려보내도 다음 주에는 다시 시작한다.

이것이 기세다.

그들이 그렇게 할 수 있는 이유는 스스로를 몰아붙였기 때문이 아니다. 언젠가 무너질 자신을 인정했기 때문이다. 그리고 그 상태에서도 다시 움직일 수 있도록 장치를 마련해 두었다. 최소 행동 기준, 자동화된 루틴, 주변 사람들의 지지, 기록과 점검 등 '복귀를 할 수 있는 장치'를 만들어 둔 것이다.

이제 내가 다룰 내용은 바로 그 장치에 관한 것이다. 환경, 습관, 감정 관리, 무의식, 반복, 관계 등 결국 나를 어떻게 운영할 것인가의 문제를 살펴본다.

흔히 말하는 자기계발식 자기관리와는 방향이 다르다. 더 열심히 하자는 이야기도, 무조건 더 긍정적으로 버티자는 말도 아니다. 사업이 멈추지 않게 하기 위해 나를 구조적으로 관리하는 방법에 가깝다. 시스템을 알고도 실행하지 못하는 이유, 실행하다가 멈추는 이유, 다시 시작하지 못하고 스스로를 자책하는 이유를 개인의 의지나 성격 탓으로 돌리지 않는다.

결국 버티는 사람은 따로 있다. 더 똑똑해서도, 더 강해서도 아니다. 무너질 자신을 계산에 넣고, 그 상태에서도 다시 움직일 수 있도록 장치를 만들어 둔 사람이다. 기세는 타고나는 것이 아니라 설계되는 것이다.

내가 세상을 해석하는
기준은 무엇인가

옛말에 '끼리끼리 만난다.'라는 말이 있다.

친구를 잘 만나야 한다는 말, 친구 따라 강남 간다는 말도 있다. 이 말들이 언제부터 쓰였는지는 정확히 모르겠다. 다만 나이가 들고 사업을 하며 살아보니, 이것이 단순한 속담이 아니라 꽤 정확한 현실 묘사라는 생각이 든다. 사람은 생각보다 자유롭지 않다. 내가 스스로 선택한다고 믿는 대부분의 기준은 이미 내가 속해 있던 환경에서 오래 학습된 결과다.

나는 사업을 하기 전에는 직장인이었고, 그 이전에는 학생이었다. 대학 시절의 나는 '사업'이라는 선택지를 인생에 올려놓아 본 적이 없다. 그것은 도전이라기보다 어딘가 특별한 사람들만 하는 일에 가까웠다. 학점을 잘 받고, 친구들과 원만히 지내고, 무리에서 튀지 않으며, 적당히 인정받는 것이 당연한 삶의 방향이라고 믿었다. 주변 사람들 역시 크게 다르지 않았다.

그 시절의 나에게 친구는 거의 전부였다. 친구와의 관계가 인생의 중심이었고, 관계를 잘 유지하는 것이 곧 삶을 잘 살고 있다는 증거처럼 느껴졌다. 지금 돌이켜보면 꽤 버거운 기준이었다. 모든 사람에게 잘 보이고 싶었고, 모든 친구가 나를 좋아해 주기를 바랐다. 그래서 나는 주 7일 술을 마셨다. 간이 망가져 가는 것도, 다음 날이 힘든 것도 중요하지 않았다. 관계가 끊기는 것이 더 두려웠기 때문이다.

누군가는 "왜 다른 친구와는 술 마시면서 왜 나랑은 안 마셔?"라고 말했고, 어떤 친구는 "너랑은 처음부터 끝까지 술 먹은 기억이 없다."라고 했다. 술자리를 옮겨 다니며 인사하느라 한 자리에 오래 머물지 못했기 때문이다.

그만큼 관계는 나에게 절대적이었다. 술을 새벽까지 마시고 끝까지 버티는 것조차 일종의 인정처럼 느껴졌다. 지금 생각해보면 그 모든 것은 인정 욕구였다. 나는 인정받고 싶어 했고, 주변에도 그렇게 살아가는 사람들뿐이었다. 그리고 신기하게도, 내가 중요하게 여긴 것들에 맞춰 내 인생의 환경은 정확히 만들어지고 있었다.

직장인이 된 뒤에도 크게 다르지 않았다. 다행히 일머리는 있는 편이라 회사에 들어가서는 외향적인 성향을 잠시 접어 두고 일에 집중했다. 일을 잘해야 발언권이 생기고, 그래야 내 말에 힘이 실린다고 믿었기 때문이다. 지금 돌아보면 완벽주의 성향이 가장 강했던 시기다. 업무적으로 인정을 받기 시작하자 관계는 자연스럽게 따라왔다. 술자리에 자주 불렸고, 사람들은 나와 이야기하고 싶어 했다.

그리고 매주 금요일이면 나는 가슴이 뛰었다. 일을 마치고 술을 마실 생각에, 주말을 즐길 생각에 설렜다. 주변에는 직장을 다니며 한탄하고, 웃고, 술로 버티는 사람들뿐이었다. 나는 그것이 평생의 행복이라고 믿었다.

그런데 이상하게도 일요일 밤만 되면 견딜 수 없이 두려웠다. '개그콘서트' 엔딩 음악이 나오면 내 인생도 함께 끝나는 것 같았다. 지옥 같은 월요일이 다시 시작된다는 신호처럼 느껴졌기 때문이다. 그때는 그 감정을 설명할 언어가 없었다. 모두가 그렇게 사는 줄 알았다.

그러다 우연히 독서를 시작했다. 단 한 권의 책이 계기였다. 그 책은 지금 내가 보고 있는 세계가 전부가 아닐 수도 있다는 가능성을 처음으로 열어주었다. 한 권의 책은 또 다른 책으로 이어졌고, 독서 모임이라는 공간으로 나를 이끌었다. 그리고 사업이라는 선택지가 내 인생에도 존재할 수 있다는 상상을 가능하게 만들었다.

그렇게 사업을 시작했다. 처음 사업을 하겠다고 말했을 때 주변의 직장인 지인들과 친구들은 걱정부터 했다. 그래도 "너는 도전적인 사람이니까 잘할 거야."라는 말은 들을 수 있었다.

하지만 사업을 하는 사람은 나 하나뿐이었다. 고민이 깊어질수록 답답해졌고, 문제를 어떻게 풀어야 할지 감이 잡히지 않았다. 결국 큰마음을 먹고 독서 모임에 나갔다. 처음 갔을 때의 느낌은 아직도 선명하다. 내 주변에는 책을 읽는 사람이 거의 없었는데, 그 공간에는 모두가 책을 읽고 있었다. 한 권의 책을 두고 토론하고, 각자의 생각을 나누며, 서로의 관점을 공유했다. 그 자체가 신세계였다.

그때 처음으로 깨달았다.

"아, 이래서 사람들이 모임에 나가는구나.

이게 환경을 만든다는 거구나."

이후 사업가 모임에도 나가 보았다. 솔직히 처음에는 주눅이 들었다. 아직 성과도 뚜렷하지 않은 내가 이런 자리에 있어도 되나 싶었다. 그런데 오히려 좋았다. 나와 비슷한 출발선에 서 있는 사람도 있었고, 이미 그 길을 지나온 사람도 있었으며, 어느 정도 부를 이룬 사람도 있었다.

무엇보다 그 공간에서는 사업을 한다는 것이 너무도 당연한 일이었다. 밖에서는 누군가 사업을 한다고 하면 먼저 망할 걱정부터 했다.

하지만 그 안에서는 사업을 하는 것이 당연했다. 지금 가지고 있는 문제를 어떻게 해결할지, 어떤 강의를 듣고 있는지, 어떤 책에서 도움을 받았는지, 어떤 실패를 했고 무엇을 배웠는지가 자연스럽게 오갔다. 직장인 시절에는 평생 듣지 못했을 이야기들이었다. 그래서 나는 직접 1인 사업가 모임을 열어 보기도 했다.

환경은 단순히 누구를 만나느냐의 문제가 아니다

주변에서 환경을 만들라는 말은 아마 수도 없이 들어봤을 것이다.

"좋은 사람을 만나야 한다."
"사업하는 사람들과 어울려라."
"성공한 사람들 옆에 있어야 한다."

대부분 이런 말로 환경을 설명한다. 그런데 나는 이 말이 너무 피상적으로 쓰이고 있다고 느꼈다. 환경은 단순히 누구를 만나느냐의 문제가 아니다. 환경은 내가 세상을 어떤 기준으로 바라볼 것인지 선택하게 만들고, 그 선택을 꾸준히 유지할 수 있게 해주는 장치에 가깝다.

사람은 한 번의 다짐으로 그동안 해왔던 생각을 쉽게 바꾸지 못한다. "이렇게 생각해야지.", "이번에는 다르게 봐야지."라고 마음먹는 순간은 있다. 하지만 며칠만 지나면 다시 원래의 해석으로 돌아간다. 이유는 간단하다. 그 선택을 붙잡아줄 환경이 없기 때문이다.

우리는 하루에도 수십 번씩 선택한다. 이 일이 위험한지 기회인지, 이 상황이 끝났다고 봐야 할지 다시 시도해볼 일인지, 이 사람이 틀렸다고 볼지 배울 점이 있다고 볼지. 이때 기준이 되는 것은 의지가 아니다. 내가 가장 많이 노출된 기준이다.

그래서 환경은 생각보다 훨씬 조용하지만, 집요하게 사람을 만든다. 어떤 환경에 있느냐에 따라 같은 상황도 전혀 다르게 해석된다. 누군가는 실패를 보고 "역시 안 되는 게 맞았어."라고 말하고, 다른 누군가는 같은 장면을 보며 "여기서 하나 배웠네."라고 말한다.

이 차이는 성격의 문제가 아니다. 어떤 해석이 반복적으로 정답으로 취급되는 환경에 있었느냐의 차이다. 여기서 내가 말하는 환경 만들기란, 더 나은 사람이 되기 위한 막연한 노력이 아니다. 내가 선택한 신념을 오래 유지할 수 있도록 주변을 설계하는 일이다.

나는 완벽주의 성향이 강한 사람이다. 원래부터 긍정적인 사고를 잘하는 편은 아니었다. 무언가를 보면 가능성보다 위험이 먼저 보였고, 기대보다 대비가 먼저 떠올랐다. 잘될 수 있는 이유보다 잘못될 수 있는 경우의 수를 먼저 계산했다. 플랜 B를 생각하고, 최악의 상황을 가정하며, 부족한 점과 보완해야 할 부분에 시선이 먼저 갔다. 이 기준은 일에도, 사업에도, 그리고 무엇보다 나 자신에게 가장 가혹하게 적용됐다.

그래서 나는 세상을 늘 조금 불안하게 바라봤다. 아직 일어나지도 않은 미래를 미리 걱정했고, 그 걱정으로 감정을 소모했다. 불확실성은 언제나 위험으로 해석됐다. 지금 생각해 보면 실제로 무서웠던 것은 상황이 아니라, 그 상황을 바라보는 나의 해석 방식이었다. 같은 일을 두고도 누군가는 "한번 해보면 되지."라고 말할 때, 나는 "이거 잘못되면 어떡하지?"를 먼저 떠올렸다.

이걸 어떻게 다뤄왔는지는 뒤에서 더 이야기하겠지만, 여기서 꼭 짚고 싶은 핵심은 이것이다. 이 해석 방식은 혼자 힘으로 바꿀 수 있는 것이 아니라는 점이다. 생각은 의지로 고쳐지지 않는다. 생각은 내가 반복해서 노출되는 환경에 의해 조정된다.

그래서 나는 의도적으로 세상을 다르게 해석하는 사람들이 있는 환경으로 나를 옮겼다. 같은 상황에서도 가능성을 먼저 보는 사람들, 불확실성을 기회로 해석하는 사람들, "안 되면 어쩌지?"보다 "되면 어디까지 갈 수 있을까?"를 먼저 말하는 사람들 속에 나를 두기 시작했다.

이건 나를 긍정적으로 만들기 위한 노력이 아니었다. 내가 계속 부정적으로 해석하지 않도록 외부 기준을 바꾸는 선택이었다. 많은 사업가를 만나다 보면 모두가 같은 생각을 하지 않는다는 것을 깨닫게 된다. 겉으로 보면 다 사업을 하는 사람처럼 보이지만, 속을 들여다보면 완전히 다른 세계관을 가지고 있다.

돈이 곧 계급이라고 믿는 사람도 있고, 돈만 벌 수 있다면 고객에게 어떤 가치가 전달되는지는 중요하지 않다고 생각하는 사람도 있다. 반대로 고객에게 전달되는 가치가 명확해야 돈도 오래간다고 믿는 사람도 있고, 하고 싶은 일로도 충분히 돈을 벌 수 있다고 진심으로 믿는 사람도 있다.

중요한 것은 옳고 그름이 아니라 선택이다

여기에는 정답이 없다. 내가 어떤 세계를 정상이라고 받아들이고 살 것인가의 문제다. 이 지점에서 나는 종교를 떠올렸다. 불교, 기독교, 천주교. 무엇을 믿을지는 전적으로 개인의 자유다. 하지만 한 가지는 분명하다. 믿는 순간, 세상은 그 믿음에 맞게 보이기 시작한다는 것이다. 신의 존재를 믿으면 우연도 의미가 되고 고난도 메시지가 된다. 믿지 않으면 모든 것은 우연이고 단순한 사건일 뿐이다. 세상은 그대로인데 해석이 달라진다.

사업도 마찬가지다. 나는 하고 싶은 일로 사업을 하면서도 돈을 벌 수 있다고 믿는 쪽을 선택했다. 그래서 그 믿음을 뒷받침하는 증거를 계속 찾고, 그런 사례를 보고, 그런 이야기를 하는 사람들과 시간을 보냈다.

물론 누군가는 그런 말을 동화책 같은 소리라고 한다. "현실은 그렇지 않다.", "돈이 먼저다."라고 말한다. 그 말도 틀리지 않다. 돈만을 쫓아 성공한 사람도 분명히 존재한다. 동시에 하고 싶은 일로 돈을 버는 사람도 분명히 존재한다. 그래서 결국 중요한 질문은 이것이다.

나는 어떤 세계를 정상이라고 믿고 싶은가?

나는 선택했다. 하고 싶은 일로 사업을 하고, 그 과정에서 의미를 느끼는 사람들과 일하겠다고. 그래서 지금 내가 하는 그릿마인드 코칭과 컨설팅도 그렇고, 블로그와 유튜브 대행 역시 결이 맞는 사람들과만 함께한다.

이 선택을 하고 나서야 마음이 정리됐다. 이전에는 늘 헷갈렸다. 이 말도 맞는 것 같고 저 말도 맞는 것 같았다. 그러다 보니 항상 남의 말에 휘둘렸다. 방향이 흔들렸다. 하지만 선택을 하고 나니 달라졌다. 이제는 모든 조언을 그대로 받아들이지 않는다. 내가 선택한 세계관에 맞는 말만 걸러서 듣는다. 이것이 확신이다. 확신은 갑자기 생기는 것이 아니라, 선택과 환경이 반복되면서 만들어진다.

그리고 이 모든 선택을 가능하게 해주는 것이 바로 환경이다. 내가 매일 듣는 말, 자주 오가는 대화의 주제, 당연하다고 여겨지는 기준, 웃으며 넘기는 농담들. 환경은 나에게 "이렇게 살아라."라고 말하지 않는다. 대신 조용히 속삭인다. "이게 정상이다."라고. 그 속삭임을 오래 듣다 보면 어느새 그 세계가 내 기준이 된다.

그래서 환경을 바꾸는 순간, 인생은 생각보다 빠르게 다른 방향으로 흘러가기 시작한다. 노력해서 바뀌는 것이 아니라, 노력의 방향 자체가 바뀌기 때문이다.

이것이 내가 말하는 환경 만들기다.

감정이 무너질 때
빠져나오는 방법

우리는 종종 "요즘 왜 이렇게 힘들지?"라고 생각한다. 하지만 에너지는 어느 날 갑자기 사라지지 않는다. 하루에 쓸 수 있는 에너지의 총량은 어느 정도 정해져 있고, 그 에너지를 어디에 쓰느냐에 따라 결과가 달라질 뿐이다.

아침에 일어나 집중해서 일하고, 사람을 만나고, 결정을 내리고, 문제를 해결하는 모든 과정은 에너지를 소비한다. 몸을 쓰든, 머리를 쓰든, 감정을 쓰든 방식만 다를 뿐 결국 같은 에너지를 소모하게 된다.

예를 들어 몸을 많이 쓴 날에는 쉽게 지친다는 것을 누구나 안다. 하루 종일 이사를 했거나, 종일 서서 일했거나, 운동을 과하게 한 날에는 저녁에 아무것도 하기 싫어진다. 이것은 이해하기 쉽다. 그런데 몸은 그렇게까지 쓰지 않았는데도 이상하게 아무것도 하기 싫은 날이 있다. 하루 종일 책상 앞에 앉아 있었고 실제로 한 일은 많지 않은데, 머리는 멍하고 손은 움직이지 않는다. 해야 할 일을 알고 있음에도 미루게 되고, 스스로에게 괜히 짜증이 난다.

이때 우리는 보통 이렇게 말한다.

"요즘 의욕이 없어서 그래."
"번아웃이 온 것 같아."
"멘탈이 약해진 것 같아."

하지만 실제로는 의욕이 사라진 것이 아니다. 에너지가 다른 곳에서 이미 많이 새어 나간 상태다. 그중에서도 우리가 가장 많이, 그리고 가장 무의식적으로 쓰는 에너지가 바로 감정 에너지다.

하루를 떠올려 보자. 결과에 대한 걱정, 선택에 대한 후회, 아직 오지 않은 미래에 대한 불안, 다른 사람의 시선에 대한 신경 쓰임, 스스로에 대한 자책. 이런 감정은 눈에 보이지 않지만 생각보다 훨씬 많은 에너지를 소모한다. 문제는 이 감정 에너지가 쓰이고 있다는 자각 없이 빠져나간다는 점이다. 몸을 쓸 때는 힘들다는 자각이라도 있지만, 감정은 조용히 에너지를 갉아먹는다. 그래서 몸은 멀쩡한데 행동이 멈춘다. 그래서 쉬어도 회복되지 않는다. 그래서 아무것도 하지 않았는데도 지친다.

나는 이 구조를 이해하고 나서야 스스로를 덜 미워하게 됐다. "왜 이렇게 게으르지?"가 아니라 "아, 내가 에너지를 너무 많이 써버렸구나."라고 바라볼 수 있게 되었기 때문이다. 감정은 생각보다 많은 에너지를 소모한다.

특히 두려움, 불안, 자책 같은 감정은 가만히 둔다고 해서 저절로 사라지지 않는다. 오히려 머릿속에서 계속 재생된다. 같은 장면을 수십 번 곱씹고, 이미 지나간 선택을 다시 붙잡고, 아직 오지 않은 결과를 상상한다.

그렇게 감정이 쌓일수록 행동은 점점 멈춘다. 몸이 멈추는 것이 아니라, 마음이 먼저 움직이기를 거부한다.

그래서 나는 감정을 억지로 다스리려 하지 않기로 했다. 대신 흘려보낼 수 있는 출구를 만드는 쪽을 선택했다. 감정을 통제하려 하면 오히려 더 커진다. "이러면 안 되는데.", "왜 또 이런 생각을 하지?", "긍정적으로 생각해야지." 같은 말은 감정을 없애는 것이 아니라 눌러두는 방식이다. 눌린 감정은 사라지지 않는다. 쌓인다. 그리고 어느 날 행동을 완전히 멈추게 만든다.

스스로 감정을 알아차릴 수 있어야 한다

감정을 조절하기 위해 나는 아주 단순한 방법을 선택했다. 머릿속에 쌓아두지 않고, 글로 꺼내 버렸다. 여기서 중요한 건 감정을 억지로 없애거나 참는 게 아니라, 인지하고 밖으로 흘려보내는 것이다. 이 흐름을 만들기 위해 내가 선택한 도구가 감정일기였다.

감정일기는 흔히 오해를 받는다. 기분 좋았던 일을 적거나, 스스로를 위로하는 기록이라고 생각하는 경우가 많다. 하지만 내가 사용하는 감정일기는 전혀 다르다. 목적은 위로가 아니라 '알아차림'이다. 지금 내 안에서 어떤 감정이 움직이고 있는지를 정확히 바라보는 것이다.

그것만으로도 감정은 이미 절반 이상 힘을 잃는다. 예를 들어 사업을 하다가 일이 틀어졌을 때를 떠올려보자. 표면적으로는 화가 난다. 짜증이 나고, 억울하고, 스스로에게 실망하기도 한다. 대부분은 여기에서 멈춘다.

"왜 이렇게 일이 안 풀리지?", "왜 나만 이러지?" 같은 생각을 반복한다. 그런데 감정일기에 적어 보면 방향이 조금 달라진다. 글로 쓰다 보면 자연스럽게 질문이 하나 떠오른다.

"나는 지금 정확히 무엇 때문에 이렇게 화가 난 걸까?"

나의 경우, 많은 상황에서 답은 비슷했다. 일 자체가 틀어져서 화나는 게 아니었다. 그 일로 인해 내가 원하는 미래 목표를 이루지 못할까 봐, 내가 바라는 만큼의 돈을 벌지 못할까 봐 두려웠던 것이다. 짜증과 분노는 표면에 있었고, 그 아래에는 늘 걱정과 두려움이 깔려 있었다.

이것을 인지하는 순간, 감정의 성격이 완전히 달라진다. "아, 나는 지금 실패가 무서운 게 아니라, 내가 원하는 삶에 닿지 못할까 봐 두려운 상태구나." 이렇게 말로 꺼내는 순간, 감정은 더 이상 나를 몰아붙이지 못한다. 여기서 중요한 것은 감정을 없애려 하지 않는다는 점이다.

두려움을 느끼지 않겠다고 다짐하지도 않고, 화를 내면 안 된다고 스스로를 혼내지도 않는다. 그냥 인정한다. '지금 나는 이런 감정을 느끼고 있다.' 그걸로 충분하다. 감정은 인정받는 순간 자연스럽게 흘러간다. 억지로 붙잡지 않아도 된다.

여기서 한 단계 더 나아가면, 감정을 치환하는 것도 가능해진다. 나는 종종 스스로에게 이렇게 묻는다. '만약 모든 일이 내가 원하는 대로만 흘러간다면, 인생이 과연 재미있을까?' 답은 늘 비슷하다. 아마 금방 지루해질 것이다. 그렇게 생각하면 지금 눈앞의 문제는 실패의 증거가 아니라 또 하나의 문제 해결 구간이 된다. "아, 또 하나 풀어야 할 문제가 생겼네." 이렇게 해석이 바뀌는 순간, 같은 상황인데도 감정에 쓰이던 에너지가 행동 쪽으로 이동한다. 이것이 치환의 힘이다.

이때 내가 반드시 함께 사용하는 기준이 있다. 바로 통제 가능한 영역과 통제 불가능한 영역을 나누는 것이다. 감정일기를 쓰다 보면 불안의 대부분이 어디에서 나오는지 명확해진다. 시장이 어떻게 반응할지, 고객이 나를 어떻게 평가할지, 결과가 성공일지 실패일지 같은 것들이다. 문제는 이모든 것이 지금의 내가 통제할 수 없는 영역이라는 점이다. 그런데 우리는 이 통제 불가능한 영역에 감정 에너지를 가장 많이 쓴다. 그래서 지친다.

그래서 나는 글을 쓰다가 일부러 선을 긋는다. 지금 이 감정의 원인 중에서 당장 내가 조정할 수 있는 것은 무엇인가. 그리고 지금은 내려놓아야할 것은 무엇인가. 이 질문을 던지는 순간, 감정은 다시 현실로 내려온다. 불안이 완전히 사라지지는 않지만, 최소한 에너지를 써야 할 곳과 쓰지 말아야 할 곳은 구분할 수 있게 된다. 이 차이가 무너진 하루를 통째로 버리지 않게 만든다.

감사일기는 에너지 상태를 바꾼다

감정일기가 감정을 인지하고 흘려보내는 도구라면, 감사일기는 에너지를 채우는 방향을 바꾸어 주는 도구다. 감사일기는 지금 내가 이미 가지고 있는 것에 시선을 돌리는 연습이다.

이 연습은 생각보다 강력하다. 이 과정을 통해 나는 "왜 나에게만 이런 불행한 일이 일어나지?"라는 생각을 내려놓게 되었고, 지금의 삶이 충분히 행복하다고 느끼게 되었다. 나는 정말 돈을 많이 벌고 싶었다. 나도 100억, 1000억 부자가 되고 싶었다. 물론 지금도 그 목표를 버린 것은 아니다. 돈을 벌고 싶은 욕구는 너무나 자연스럽다.

그런데 어느 날 이런 질문을 스스로에게 던져 보았다. '만약 지금 이 돈을 다 벌었다면, 나는 무엇을 하고 싶을까?' 차를 사고, 집을 사고, 여행을 다닐 것이다. BMW 7시리즈, 테슬라 S, 제네시스 GV90, 포르쉐 그리고 한강 뷰와 시티 뷰가 보이는 집, 일등석 비행기를 타고 세계 곳곳을 여행하는 삶. 그렇게 내가 원하던 것들을 하나씩 적어 내려가다, 어느 순간 손이 멈췄다.

매일 차를 살 수는 없고, 매일 집을 사러 다닐 수도 없었다. 그다음에 떠오른 건 결국 '관계'였다. 사랑하는 사람과 함께하는 여행, 하루를 잘 마무리하는 근사한 저녁 식사, 가족들과 보내는 시간, 내가 아끼는 사람들에게 기꺼이 베풀 수 있는 여유. 하나씩 떠올리다 보니 문득 이런 생각이 들었다. 이건 돈을 다 벌고 나서야 가능한 삶이 아니라는 사실이었다.

돈이 더 많아지면 선택지는 분명 늘어난다. 더 좋은 곳에 가고, 더 편한 환경을 만들 수 있다. 하지만 행복의 본질은 이미 내 삶 안에 있었다. 지금도 할 수 있는 것들이었다. 그래서 나는 그때부터 생각을 이렇게 바꾸게 되었다. '돈을 벌면 행복해질 거야.'가 아니라, '지금도 충분히 행복하다.' 이 문장 하나가, 내가 돈을 대하는 태도와 에너지를 완전히 바꿔 놓았다.

사실 이 작은 차이가 만들어내는 에너지는 완전히 다르다. 돈에 대한 집착은 자연스럽게 줄어들고, 대신 내가 하는 일에 더 깊이 힘이 실린다. 나는 감사일기를 쓰면서 이 변화를 자주 체감했다. 이미 가진 것에 집중해 감사하는 순간, 설명하기 어려운 에너지가 안에서부터 차오른다.

그리고 그 에너지는 나에게만 머물지 않는다. 주변으로 그대로 흘러간다. 가끔 그런 사람이 있다. 함께 있기만 해도 이상하게 힘이 나고, 아무 말이 없어도 에너지가 느껴지는 사람. 그 차이는 결국, 어디에 마음을 두고 있느냐에서 시작된다.

이 모든 이야기가 향하는 지점은 하나다. 감정을 없애는 사람이 되자는 게 아니다. 감정에 휘둘리지 않으면서도 계속 움직일 수 있는 사람이 되자는 것이다.

사업을 하다 보면 감정이 무너지는 날은 반드시 온다. 잘하던 루틴이 끊기고, 매출이 흔들리고, 스스로에 대한 신뢰가 흐려지는 날이 온다. 하지만 여기서 중요한 건 그런 날이 오지 않게 만드는 게 아니라, 그런 날에는 어떻게 다시 빠져나올 수 있느냐는 것이다.

감정일기와 감사일기
통제 가능한 영역과 불가능한 영역을 나누는 사고
감정을 인지하고 치환하는 연습

이 모든 건 멘탈을 단단하게 만들기 위한 기술이 아니다. 무너진 하루를 통째로 버리지 않기 위한 장치다. 오늘이 엉망이어도, 내일 다시 움직일 수 있게 해주는 최소한의 출구다.

사람은 강해서 버티는 게 아니다. 버틸 수 있게 설계되어 있어서 버틴다. 감정을 잘 관리하는 사람이 되려고 애쓸 필요는 없다. 다만 감정 때문에 멈추지 않는 구조만 있으면 된다. 그 구조가 있는 사람은 다시 돌아온다. 그리고 결국, 그런 사람이 끝까지 갈 수 있다.

목표의 크기가
사고방식을 바꾸는 이유

　나는 끌어당김의 법칙을 믿는 사람이 아니었다. 오히려 그런 이야기를 들으면 속으로 거부감이 먼저 올라오는 쪽에 가까웠다. 모든 것에는 근거가 있어야 했고, 논리적으로 설명되지 않으면 쉽게 받아들이지 않았다. 감정이나 분위기보다 구조를 믿었고, "그냥 믿어봐."라는 말에는 좀처럼 움직이지 않았다.

　대신 한 가지 특징은 분명했다. 한 번 납득하면 실행은 굉장히 빨랐다. 그래서 내가 끌어당김, 에너지, 무의식 같은 개념을 삶에 적용하게 된 계기는 신비주의가 아니라 뇌과학이었다. 그 관점으로 바라보니 그동안 설명되지 않던 많은 현상이 하나로 연결되기 시작했다.

　우리 뇌는 생각보다 훨씬 성실하다. 가만히 있는 법이 없다. 특히 중요하다고 인식한 문제에 대해서는 우리가 의식적으로 생각하지 않을 때조차 계속 작업을 이어간다. 신경가소성이라는 개념이 말해주듯, 뇌는 반복적으로 사용하는 사고 경로를 강화한다. 쉽게 말해 우리가 자주 생각하는 방향으로 뇌 자체가 발달한다는 뜻이다.

그래서 어떤 문제를 계속 붙잡고 있으면,

**뇌는 그것을 단순한 고민이 아니라
해결해야 할 생존 문제로 인식하고 방법을 찾기 시작한다.**

이 경험은 누구나 한 번쯤 해봤을 것이다. 무언가를 잃어버려 하루 종일 그 생각만 하다가 도저히 떠오르지 않아 포기했는데, 샤워를 하거나 잠들기 직전에 갑자기 답이 튀어나오는 순간. 그건 우리가 생각을 멈춘 게 아니다. 의식이 쉬는 동안에도 뇌는 계속 문제를 풀고 있었던 것이다. 특히 잠을 자는 동안 뇌는 낮에 받은 정보들을 재조합하며 해결을 시도한다.

목표도 정확히 같은 방식으로 작동한다. 다만 여기에는 한 가지 조건이 붙는다. 뇌가 문제를 풀기 위해서는 에너지가 필요하다는 점이다.

우리는 에너지 대부분을 어디에 쓰고 있을까?

앞에서 이야기했듯 많은 사람은 감정 에너지에 뇌를 소모한다. 불안, 두려움, 비교, 걱정, 자책. 이런 감정은 눈에 보이지 않지만 뇌 에너지를 크게 소모한다.

그러다 보니 뇌는 미래를 만드는 문제 대신, 지금의 불안에서 벗어나는 문제에만 매달린다. 그래서 중요한 첫 단계는 뇌 에너지를 감정에서 빼내는 것이다. 그리고 그 에너지를 내가 해결하고 싶은 문제, 내가 만들고 싶은 결과로 돌려놓는 것이다.

이 지점부터 '끌어당김'처럼 보이던 현상은 전혀 다른 얼굴을 드러낸다.

예를 들어 어느 날 그랜저를 사기로 마음먹었다고 해보자. 그전까지는 도로에 수없이 다니던 그랜저가 눈에 들어온 적도 없었을 것이다. 그런데 관심을 두는 순간, 이상하리만큼 그랜저만 보이기 시작한다. 우주가 그랜저를 보내준 것이 아니다.

뇌의 망상활성계가 작동한 것이다. 뇌는 모든 정보를 처리할 수 없기 때문에 중요하다고 판단한 정보만 선택적으로 인식한다. 관심을 두는 순간, 그 대상과 관련된 정보만 걸러서 보여준다. 그래서 세상이 바뀐 것처럼 느껴진다.

목표도 마찬가지다. 어떤 목표를 진지하게 품는 순간, 뇌는 그 목표와 관련된 정보, 사람, 기회, 구조를 찾아내기 시작한다.

그래서 나는 아주 의도적인 연습을 하나 하고 있다. '100억을 벌 수 있는 아이디어'를 생각하는 시간이다. 이 말을 하면 불편해하는 사람들이 꼭 있다. 무슨 100억이냐, 아무나 버는 돈이냐, 현실적이지 않다고 말한다.

하지만 나는 이 숫자를 결과로 사용하지 않는다. 사고방식을 바꾸기 위한 질문으로 사용한다. 같은 아이템이라도 1억을 벌겠다고 생각하면 전략은 완전히 달라진다. 네이버, 쿠팡, 국내 시장, 단기 효율을 먼저 떠올린다.

반대로 100억을 벌겠다고 생각하는 순간 질문이 달라진다. 이것은 글로벌로 확장 가능한가, 반복 가능한 구조인가, 개인의 노동에 묶여 있는가,

아니면 시스템화할 수 있는가. 목표의 크기가 바뀌면 행동 이전에 생각의 프레임이 먼저 바뀐다. 이것은 의지의 문제가 아니라, 뇌가 어떤 문제를 풀고 있느냐의 문제다.

지금의 나는 예전처럼 사소한 일에 감정이 크게 흔들리지 않는다. 일이 갑자기 틀어지거나 예상치 못한 문제가 생겨도 감정적으로 크게 동요하지 않는다. 물론 사람이다 보니 감정이 올라올 때는 있다. 하지만 그 감정을 곧바로 알아차리고, 바로 치환한다.

예전에는 왜 그렇게 사소한 일에도 화가 났는지 이제는 안다. 결국 전부 두려움이었다. 이 일 때문에 내가 목표를 이루지 못하는 건 아닐까, 이 문제로 사업이 망하는 건 아닐까, 이 선택이 잘못된 건 아닐까 하는 두려움이었다.

그런데 어느 순간부터 나는 스스로에게 이런 질문을 던지기 시작했다.

"정말 이 일 하나 때문에 내가 100억을 못 버는 걸까?"
"광고주 한 명이 나갔다고 해서 100억을 못 버는 걸까?"

터무니없는 이야기다. 한 팀에서 약 1억 원을 받는다고 해도 100팀은 있어야 100억이다. 지금 벌어지는 이 일은 그저 목표로 가는 과정 중 하나일 뿐이다. 경험이고, 데이터이고, 스쳐 지나갈 사건이다.

그래서 나는 이렇게 생각한다.

"어떻게 100억을 벌려고 이런 일이 일어나지? 재밌네."
"이 과정은 어떻게 즐기면 좋을까?"
"나는 결국 벌게 될 것이다."

누군가는 이것을 자기합리화라고 부를 수도 있고, 망상에 빠졌다고 말할 수도 있다. 괜찮다. 나는 나를 위해 이렇게 생각한다. 더 정확히 말하면, 내 뇌를 위해 이렇게 생각한다. 내 뇌가 감정에 에너지를 쓰지 않고 구조와 해결에 에너지를 쓰게 만들기 위해서다.

뇌는 우리가 던지는 질문의 방향으로 움직인다.

불안한 질문을 던지면 불안한 답을 찾고, 확장된 질문을 던지면 확장된 해답을 찾는다. 그래서 내가 말하는 100억 아이디어는 단순히 돈 이야기가 아니다. 뇌에게 어떤 스케일의 문제를 풀게 할 것인가에 대한 이야기다.

끌어당김처럼 보이는 많은 현상은 사실 뇌가 집중한 문제의 방향일 뿐이다. 그리고 그 방향은 감정이 아니라, 의식적인 질문과 반복된 사고로 충분히 설계할 수 있다. 이 사실을 이해하는 순간, 삶은 훨씬 덜 흔들리고 문제는 더 이상 위협이 아니라 재료가 된다.

바쁠수록 멀리하면 안 되는 한 가지

사람들은 종종 취미를 사치라고 생각한다. 일이 어느 정도 정리되고, 여유가 생기고, 돈을 더 벌고 나면 해도 되는 것이라고 말한다.

하지만 사업을 오래 해본 사람일수록 정반대의 결론에 도달한다.

취미는 여유가 있을 때 하는 것이 아니라,
여유를 잃지 않기 위해 반드시 필요한 장치다.

특히 사업가에게 취미는 잘 살기 위한 선택이 아니라, 버티기 위한 필수 조건에 가깝다.

나는 어릴 때부터 운동을 좋아했다. 초등학생 때 태권도를 시작해 성인이 될 때까지 꾸준히 했다. 운동은 내 삶의 자연스러운 일부였다. 그 후에도 가만히 있지 않았다. 러닝도 해보고, 수영도 해보고, 헬스도 하면서 나에게 맞는 운동을 계속 찾아다녔다. 유행이나 멋 때문이 아니라, 내가 실제로 꾸준히 할 수 있는 것을 찾고 싶었기 때문이다. 그렇게 여러 운동을 거쳐 지금은 헬스와 수영을 하고 있다. 헬스는 어느덧 6년째이고, 수영은 시작한 지 두 달 정도 됐다. 이 두 가지가 지금의 나에게 가장 잘 맞는다.

그런데 한때 나는 운동을 가장 먼저 내려놓는 사람이었다. 일이 바빠지면 제일 먼저 빠지는 게 운동이었고, 그다음이 수면이었다. 이유는 단순했다. 시간이 아깝다고 느꼈기 때문이다. 이 시간에 운동을 가는 대신 일을 하나 더 처리할 수 있을 것 같았고, 잠을 조금만 줄이면 당장 더 많은 것을 해낼 수 있을 것처럼 느껴졌다. 그때는 그것이 합리적인 선택이라고 믿었다.

지금 생각해 보면 굉장히 위험한 착각이었다. 사업을 하다 보면 일은 끝나지 않는다. 이건 받아들여야 할 현실이다. 직장인은 퇴근하는 순간 업무가 머릿속에서 멈춘다. 물리적으로든 심리적으로든 선이 그어진다.

하지만 사업가는 다르다. 업무는 언제든 머릿속으로 따라 들어온다. 해결한 문제 하나 뒤에는 또 다른 문제가 기다리고 있다. 하나를 처리하면 다음이 보이고, 다음을 들여다보면 또 다른 일이 눈에 들어온다. 그래서 '일을 끝낸다.'라는 개념 자체가 존재하지 않는다. 우리는 다만 일을 잠시 내려놓고 나올 뿐이다.

나는 한때 이 끝없는 흐름을 이기려고 했다. 조금만 더 하면 정리될 것 같았고, 이번 주만 넘기면 숨을 돌릴 수 있을 것 같았다. 그래서 운동을 빼고, 잠을 줄이고, 몸을 혹사시키며 일을 밀어붙였다.

그런데 이상하게도 일은 줄어들지 않았다. 하나를 해결하면 다른 일이 보였고, 그 일을 붙잡으면 또 다른 문제가 눈에 들어왔다. 그렇게 계속 끝어안고 가다 보니 어느 순간부터 일이 아니라 몸과 마음이 먼저 무너지기 시작했다.

운동을 하지 않으니 근육은 빠지고, 하루 종일 앉아 있는 시간이 늘면서 체중은 불어났다. 체형이 망가지는 게 눈에 보이기 시작했다. 건강에 적신호가 켜졌고, 그것 자체가 또 다른 스트레스가 됐다. 몸이 무거우니 집중력이 떨어졌고, 집중이 되지 않으니 일의 효율도 급격히 나빠졌다. 잠도 제대로 자지 못하니 늘 예민했고, 작은 일에도 쉽게 짜증이 났다. 화가 많아졌다. 문제는 그 화가 일에서만 터지지 않았다는 점이다. 가족에게, 지인에게, 나를 아껴주는 사람들에게까지 흘러갔다. 그렇게 악순환이 시작됐다.

나만의 취미를 즐기는 건 곧 생존이다

그때 나는 깨달았다. 내가 약해서가 아니라, 나를 소모품처럼 쓰고 있었다는 사실을.

사업을 잘해보겠다고 나 자신을 갈아 넣고 있었지만, 정작 그렇게 해서 사업이 잘되고 있지도 않았다. 오히려 반대였다. 내가 망가질수록 일은 더 꼬였고, 판단은 흐려졌으며, 감정은 불안정해졌다. 그래서 관점을 완전히 바꿨다. 운동과 수면을 '관리'가 아니라 '생존'으로 보기 시작했다.

지금 나는 주 4회 헬스, 주 2회 수영을 원칙으로 한다. 일이 많아도 이 일정은 쉽게 빼지 않는다. 최소 6시간 이상은 자려고 의도적으로 노력한다. 물론 완벽하게 지키는 날만 있는 것은 아니다. 하지만 기준은 분명하다. 이것을 깨는 순간, 나는 더 이상 잘 굴러가지 않는다는 사실을 이미 경험으로 알고 있기 때문이다.

여기서 중요한 점은 시간이 남아서 운동을 하는 것이 아니라는 것이다. 오히려 바쁠수록 더 우선순위에 둔다. 처음에는 굉장히 불안했다. "이 시간에 일 하나를 더 할 수 있는데."라는 생각이 계속 올라왔다.

하지만 시간이 지나며 분명해졌다. 운동을 빼서 확보한 시간은 실제 성과로 이어지지 않았다. 반대로 운동을 지킨 날들이 오히려 더 많은 일을 가능하게 만들었다. 몸이 안정되니 감정이 덜 흔들렸고, 감정이 안정되니 판단이 또렷해졌다. 결국 같은 시간 안에서도 처리하는 일의 질이 완전히 달라졌다.

나는 여행도 의도적으로 떠난다. 물론 업무를 완전히 끊지는 않는다. 사업을 하다 보면 완전한 차단은 사실상 불가능하다. 하지만 장소를 바꾸고, 산책을 하고, 책을 읽으며 잠시라도 다른 리듬 속에 나를 놓아둔다. 익숙한 공간과 반복되는 흐름에서 벗어나, 호흡의 속도와 생각의 결을 조금이라도 바꿔보는 시간이다. 이것은 도망이 아니라 회복이다. 그리고 이 회복이 다음 상황의 나에게 버틸 힘을 만들어준다.

많은 사람이 사업을 시작할 때 초반의 성과에 집착한다. 조금만 잘되면 모든 것을 쏟아붓는다. 하지만 사업은 단거리 경주가 아니다. 초반에 잘되다가 2년 뒤 사라진다면 아무 의미가 없다. 결국 남는 사람은 오래 버틴 사람이다. 그리고 오래 버티는 사람에게는 공통점이 있다. 자기 자신을 관리한다. 더 정확히 말하면, 자신을 소모하지 않는다.

취미라는 말은 가볍게 들릴 수 있다. 하지만 내가 말하는 취미는 단순히 놀기 위한 활동이 아니다. 나를 망가지지 않게 유지하기 위한 장치다. 정신적으로, 육체적으로 무너지지 않기 위한 최소한의 안전장치다. 이것을 사치로 여기는 순간, 우리는 스스로를 장기전에서 탈락시키는 선택을 하게 된다.

내가 무너지면 사업도 무너진다.

그래서 나는 더 이상 취미를 뒤로 미루지 않는다. 시간이 남으면 하는 것이 아니라, 시간을 만들어서 한다. 그것이 운동이든, 수영이든, 여행이든, 충분한 수면이든 상관없다. 중요한 것은 나를 회복시키는 무언가가 내 삶 안에 분명히 존재해야 한다는 사실이다.

버티는 사람이 이긴다. 이 말은 단순한 정신 승리를 뜻하는 것이 아니다. 나를 지킬 수 있는 구조를 만든 사람만이 끝까지 갈 수 있다. 그리고 그 구조의 중요한 한 축이 바로 취미다. 이것을 이해하는 순간, 우리는 더 이상 "지금은 바빠서."라는 말을 쉽게 하지 않게 된다. 대신 이렇게 말하게 된다.

"이 모든 것은 나를 위한 것이다."

실패했을 때 돌아갈 수 있는 관계를 설계하라

실패해도 나를 응원해 줄 사람을 의도적으로 만들어야 한다. 이건 인맥 이야기가 아니다. 마음의 위로를 받는 감성적인 이야기도 아니다.

나는 이것을 무의식의 구조라고 본다.

많은 사람이 사업을 시작하지 못하는 이유는 능력이 없어서도, 실패가 무서워서도 아니다. '실패한 내가 어떤 사람이 될까.'가 두려운 것이다. 실패하면 나는 아무것도 아닌 사람이 될 것 같고, 실패하면 '실패자'라는 꼬리표를 달게 될 것 같고, 사람들은 나를 그렇게 볼 것 같고, 빚이 쌓이면 인생이 망할 것 같고, 결혼도 해야 하고 가정도 책임져야 하는데, 남들은 다 자기 자리에서 살아가는 것 같은데 나만 뒤처지는 것 같다는 생각이 따라붙는다.

이 생각들이 한 번 달라붙으면 머리로는 "해봐야 아는 거지."라고 말하면서도 몸은 멈춘다. 도전이 두려운 이유는 실패할 가능성 때문이 아니라, 실패했을 때 내가 무너질 것 같기 때문이다. 그래서 나는 실패를 없애려 하지 않는다. 사업에서 실패는 사라지지 않는다. 대신 실패가 와도 내가 완전히 무너지지 않도록 장치를 만든다. 그 장치가 바로 '돌아갈 곳'이다.

여기서 말하는 돌아갈 곳은 물리적인 장소가 아니라 관계의 구조다. 실패했을 때 연락할 수 있는 사람, 작은 성공을 했을 때 함께 기뻐해 줄 사람, 무너진 상태의 나를 보더라도 나를 실패자로 규정하지 않는 사람. 그런 사람이 있다는 사실 하나가 무의식에 메시지를 심어 준다.

"실패해도 괜찮다.
이 실패가 내 존재의 가치를 판단하지 않는다."

사람들은 이것을 가볍게 여기지만, 이 메시지는 사업을 계속하게 만드는 가장 현실적인 연료다. 나는 오래 버티는 사람들의 비밀이 멘탈이 아니라 관계라고 믿는다. 혼자 강해서 버티는 것이 아니라, 무너졌을 때 다시 붙잡아 주는 사람이 있는 구조 속에서 버티는 것이다.

무의식도 증거를 찾아야 한다

이것은 내가 앞에서 말한 환경 만들기의 확장판이다. 환경은 단지 누구를 만나느냐의 문제가 아니라, 내가 어떤 기준으로 세상을 해석하게 되는가를 결정한다. 실패를 끝으로 해석하는 환경에 있으면 사람은 도전하지 않는다. 실패를 과정으로 해석하는 환경에 있으면 사람은 다시 돌아온다.

문제는 대부분의 사람이 실패를 과정으로 받아들이고 싶어도 무의식이 그것을 허락하지 않는다는 데 있다. 머리로는 "실패해도 다시 하면 되지."

라고 말해도, 무의식은 "실패하면 넌 끝이야."라고 속삭인다.

그래서 구조가 필요하다. 무의식을 설득하는 것은 다짐이 아니라 증거다. 내가 실패해도 괜찮다는 것을 증명해 주는 증거가 주변에 있어야 한다. 그 증거가 바로 응원해 주는 사람들이다.

실제로 비슷한 일화가 있다.

일론 머스크는 사업을 본격적으로 시작하기 전에 한 달 동안 하루 1달러로 살아보는 실험을 했다고 한다. 친구의 기숙사에서 지내며 소시지 같은 최소한의 음식으로 버티면서 "최악의 상황이 와도 나는 이렇게 살 수 있구나."를 몸으로 확인한 것이다. 핵심은 돈이 아니다. 그 경험이 무의식에 남긴 결론이다. "아, 내가 망해도 완전히 끝나는 건 아니구나."

이 결론이 생기면 사람은 달라진다. 도전할 때마다 끝장이 걸린 듯한 느낌이 사라진다. 무의식이 바뀌면 행동이 바뀐다. 나는 이 원리를 관계에도 그대로 적용한다. 실패해도 내가 돌아갈 수 있는 사람이 있다는 사실은 무의식에 "최악의 상황에서도 나는 고립되지 않는다."라는 확실한 신호를 준다. 그 신호가 있으면 도전은 무모함이 아니라 선택이 된다.

그런데 여기서 많은 사람이 착각한다. "사업은 내가 하는 거니까 내가 알아서 해야지.", "가족은 어차피 이해 못 할 거야.", "말해 봤자 걱정만 늘 거야." 이 생각이 오히려 사람을 더 고립시킨다. 나는 요즘 1:1 진단 상담을 하다 보면 학생부터 주부까지 정말 다양한 사람이 찾아오는데, 그들에게는 공통점이 있다. 이야기를 나눌 사람이 없다는 것이다.

고민은 마케팅으로 시작하지만, 깊이 들어가면 결국 관계의 문제로 이어진다. 사업 고민, 돈 고민, 미래에 대한 불안, 가족과의 갈등, 자기 확신의 문제. 사람은 이 모든 것을 혼자 감당할 수 없다. 그들은 생각보다 훨씬 많은 고민을 안고 산다. 숫자 이야기로 시작하지만 결국 선택과 불안, 책임과 두려움의 문제로 이어진다.

그런데 고민의 크기보다 더 중요한 것이 하나 있다. 그 고민을 나눌 수 있는가 하는 점이다. 신기하게도 해결책이 바로 나오지 않아도 괜찮다. 누군가에게 내 상황을 말로 꺼내는 순간, 공감과 이해가 생기는 순간, 사람은 다시 움직이기 시작한다. 감정에 소모되던 에너지가 회복되기 때문이다.

얼마 전 상담했던 40대 주부 대표가 있었다. 뷰티숍을 운영하며 두 아이를 키우는 엄마였다. 고민은 명확했다. 사업에 더 집중하고 싶지만 아이들 돌봄이 흔들릴까 두렵고, 아이들에게 집중하면 자신의 커리어와 매출이 멈출까 불안하다는 것이었다.

그 두 마음 사이에서 계속 갈라지고 있었다. 그래서 나는 물었다. "혹시 가족분들과 다 같이 앉아서 이 이야기를 해보신 적 있으세요?" 돌아온 대답은 "한 번도 없어요."였다. 이미 그분은 가족이 반대할 것이라고 결론을 내려버린 상태였고, 그래서 대화를 시작조차 하지 않았다.

나는 말했다. 정답을 만들려고 하지 말고, 솔직하게 상의부터 해보라고. 지금 내 마음이 어떤지, 무엇이 가장 힘든지, 어떤 선택을 고민하고 있는지, 그리고 어떤 도움이 필요할 수 있는지를 그대로 꺼내 보라고 했다. 당장 이해받지 못해도 괜찮다고, 중요한 것은 혼자서 이 모든 것을 떠안지 않아도 되는 구조를 만드는 것이라고 말했다.

며칠 뒤 그분에게 연락이 왔다. 결국 가족들과 이야기를 나눴다고 했다. 모든 문제가 단번에 해결된 것은 아니었지만, 그날 대화를 나눈 뒤 마음이 완전히 달라졌다고 했다. 혼자 고민하고 혼자 결정해야 한다는 압박이 사라졌고, 그 사실 하나만으로도 큰 힘이 되었다고 했다. 무엇보다 혼자가 아니라는 느낌을 처음으로 받았다고 했다.

그리고 상담이 끝난 뒤, 그분은 가족들과 이야기할 수 있도록 용기를 준 것에 감사하다며 귤 한 상자를 보내주셨다.

환경이 지속적으로 버티게 만든다

혼자서 강해지는 것이 아니라, 무너질 때 함께 붙잡아줄 수 있는 관계를 먼저 만들어 두는 것. 그 구조가 생기는 순간 사람은 더 이상 혼자 버티지 않는다. 함께 버틴다. 그리고 그 차이가 결국 끝까지 가는 사람을 만든다.

나 역시 그랬다. 우리 어머니는 내가 어떤 일을 하든 걱정이 먼저인 분이었다. 어떤 직업을 선택하든 늘 염려부터 하셨다.

그런데 사업을 시작하면서부터 상황이 달라지기 시작했다. 내가 하는 일을 말로만 설명하던 때와는 달랐다. 어머니가 직접 내 강의를 들어 보시고, 내가 어떤 사람들에게 어떤 가치를 주는지 눈으로 확인하신 뒤부터 변화가 시작됐다. 그때부터 걱정은 자연스럽게 줄었고, 대신 응원이 늘었다. 지금은 일에 대해 불필요한 불안을 던지지 않으신다. 오히려 믿고 지지해 주신다.

그 과정에서 나는 깨달았다. 가족이 믿어준다는 사실은 생각보다 훨씬 큰 힘이 된다는 것을. 내가 흔들릴 때 돌아올 수 있는 기둥 하나가 생기는 느낌이다. 나는 그 응원이 실행력을 바꾸고 있다고 느낀다. 조금 더 과감해지고, 조금 더 오래 버티게 되고, 실패를 경험으로 받아들이는 힘이 커진다.

결국 나는 의도적으로 환경을 만들었다. 지금은 나와 결이 맞는 업체들과 지속적으로 소통하며 서로의 과정을 공유하고, 서로의 흔들림을 자연스러운 과정으로 받아들이는 관계 속에 나를 두고 있다. 그리고 실제로 내 수강생들에게도 그런 환경을 만들어 주고 있다.

내가 지금 운영하는 '그릿마인드' 코칭도 바로 이 원리에서 출발했다. 무의식부터 점검하고 7단계 마케팅 시스템을 함께 만들어 가는 과정이다. 여기서 핵심은 '함께'라는 단어다. 단지 지식을 전달하는 것이 아니라, 혼자 버티지 않아도 되는 구조를 만드는 것. 그 과정에서 수강생들은 자연스럽게 서로에게 응원의 증거가 되어 준다.

여기서 핵심은 환경이다.

단지 인맥을 넓히라는 말이 아니다. 딱 세 명이면 충분하다. 실패했을 때 연락할 수 있는 사람 세 명. 이 세 사람이 내 사업을 대신해 주는 것도 아니고, 내 문제를 해결해 주는 것도 아니다. 다만 이 사람들은 내 무의식이 나를 실패자로 낙인찍지 못하게 막아 준다. "너는 실패자야."라는 문장이 머릿속에 자동으로 떠오를 때, 그 문장을 끊어 주는 실제 증거가 되어 주는 사람들이다.

"실패해도 너는 너야."

"지금은 흔들리는 시기일 뿐이야."

"다시 하면 돼."

이 말을 들으면 기분이 좋아져서가 아니다. 그 말을 들을 수 있는 관계가 존재한다는 사실 자체가 무의식에 새겨지기 때문이다.

"나는 존재 자체만으로 충분한 사람이다."

이 문장은 다짐으로 만들어지지 않는다. 그 문장을 증명해 주는 관계가 있을 때, 비로소 내 안에서 사실이 된다.

내 철학에 공감하는 사람들을 모아라

나는 내가 확신이 없을 때가 가장 힘들었다. 7단계 마케팅 시스템에 대해 이야기할 때도 초반에는 쉽지 않았다. 마케팅 대행사 가운데 무의식, 뇌과학, 철학을 다루는 곳은 없었다. 모두가 광고비, 전환율, 클릭률을 이야기할 때 나는 무의식의 중요성을 말했다. 모두가 테크닉을 이야기할 때 나는 시스템을 말했다. 주변에서는 나를 이상하게 바라봤다.

"그런 걸 누가 듣겠어?"
"너무 어렵지 않아?"
"차라리 단기 성과 내는 법을 알려 주는 게 낫지 않아?"

그래도 나는 계속 이야기했다. 블로그와 유튜브, 스레드에 같은 메시지를 꾸준히 올렸다. 사업에서 무의식이 왜 중요한지, 왜 나만의 차별화된 마케팅이 필요한지, 진짜 문제는 마케팅 기술이 아니라 방향성에 있다는 점을.

처음에는 반응이 없었다. 조회수는 낮았고 댓글도 거의 없었다. 혼자 떠드는 기분이었다. 하지만 멈추지 않았다. 내가 옳다고 믿었기 때문이다.

적어도 나에게는 효과가 있었고, 내가 상담해 적용한 사람들에게도 분명한 변화가 나타났기 때문이다.

그러다 어느 날, 단 한 사람이 댓글을 남겼다. "좋은 영상 감사합니다." 그 한 줄이 나를 완전히 바꿔 놓았다.

'아, 내 이야기를 이해하는 사람이 있구나.'
'내가 혼자 이상한 소리를 하고 있는 게 아니구나.'

그 한 사람이 처음으로 나에게 확신을 주었다. 이후 비슷한 사람들이 하나둘 눈에 들어오기 시작했다. 스레드에 올린 글에도 조금씩 반응이 생겼다. 그리고 그제야 알게 됐다. 이 고민을 하고 있는 사람이 나만은 아니라는 것을. 오히려 생각보다 많은 사람이 이 문제를 가볍게 넘기지 않고 붙잡고 있었다. 그리고 그 사실이 나를 조금 더 단단하게 만들었다.

반응이 생기기 시작한 뒤로는 상담 신청이 들어오기 시작했다. 전자책을 읽었다는 사람들, 무료 강의를 보고 깊이 공감했다는 사람들이 메시지를 보내왔다. 그들과 대화를 나눌수록 내 확신은 더 단단해졌다. 내가 말을 할수록, 그 말에 공감하는 사람들이 분명히 존재한다는 사실을 확인하게 되었다. 나는 혼자가 아니었다. 그저 아직 닿지 않았을 뿐이었다.

물론 악성 댓글도 달렸다. "지금 되게 웃긴 거 아시죠?", "동화책이나 쓰세요." 처음에는 상처가 됐다. 하지만 시간이 지나며 깨달았다. 악성 댓글을 다는 사람이 있다는 것은, 내 메시지가 누군가에게는 불편하다는 뜻이다. 그리고 불편함을 느끼는 사람이 있다는 것은, 반대로 깊이 공감하는 사람도 있다는 의미다.

말을 하지 않으면 아무 일도 일어나지 않는다

나는 솔직히 말하기로 선택했다. 나에게 악성 댓글이 달리는 만큼, 응원하고 공감하는 사람도 모인다. 이것은 피할 수 없는 구조다. 내가 명확한 메시지를 던질수록 그 메시지에 반대하는 사람과 동의하는 사람이 동시에 나타난다.

문제는 많은 사람이 악성 댓글이 두려워 아예 말을 하지 않는다는 데 있다. 누구에게도 미움받고 싶지 않아서, 모든 사람에게 좋은 사람으로 보이고 싶어서 애매한 말만 하거나 침묵한다. 그러나 그렇게 하면 누구도 모이지 않는다. 악성 댓글도 없지만, 진심으로 공감하는 사람도 오지 않는다.

나는 마케팅 시스템 3단계인 '콘텐츠 시스템'에서 말했듯, 콘텐츠의 본질은 단순히 정보를 전달하는 데 있지 않다고 생각한다.

콘텐츠의 본질은 내 의견에 공감하는 사람을 모으는 데 있다.

내가 어떤 세계관을 가지고 있는지, 무엇을 중요하게 생각하는지, 어떤 방식으로 문제를 바라보는지를 계속 말해야 한다. 그래야 같은 생각을 가진 사람들이 "이 사람이다."라고 느끼고 다가온다.

숨기지 말고, 애매하게 포장하지 말고, 내가 진짜 믿는 것을 그대로 말해야 한다.

"나는 이렇게 생각합니다."
"나는 이런 방식이 맞다고 믿습니다."
"나는 이 길이 정답이라고 봅니다."

이렇게 명확하게 말하는 순간, 세상은 둘로 나뉜다. 동의하는 사람과 동의하지 않는 사람. 그리고 내 사업에 필요한 사람들은 바로 그 '동의하는 사람들'이다.

결국 나는 내 사업을 위해 내 의견에 공감하는 사람들을 모아야 한다. 이것은 단순히 고객을 모으는 일이 아니다. 같은 방향을 바라보는 사람들, 같은 가치를 믿는 사람들, 내가 하는 말에 고개를 끄덕이는 사람들을 곁에 모으는 일이다.

그들이 모이면 나는 더 이상 혼자 싸우지 않는다. 그들은 내 확신을 강화해 주고, 내가 흔들릴 때 다시 붙잡아준다. 그리고 그들이 결국 내 사업을 지속 가능하게 만드는 힘이 된다.

많은 사람이 확신이 없어서 말을 못 한다고 생각한다. 그러나 순서는 그 반대다.

말을 해야 확신이 생긴다.

내가 믿는 것을 밖으로 꺼내고, 그 말에 반응하는 사람들을 만나면서 점점 더 확신하게 된다.

"아, 내가 혼자 이상한 게 아니구나.", "이 길이 맞구나." 이 확신은 혼자 방 안에서 고민한다고 생기지 않는다. 세상에 던진 메시지가 누군가에게 닿고, 그 사람이 "맞아요."라고 답하는 순간 비로소 만들어진다.

그래서 나는 이제 두렵지 않다. 악성 댓글이 달려도 괜찮다. 그것은 내가 명확한 메시지를 던지고 있다는 증거이기 때문이다. 그리고 그 과정에서 진짜 '내 사람'도 함께 오고 있다는 사실을 알기 때문이다.

나는 계속 말할 것이다. 내가 믿는 것, 내가 경험한 것, 내가 확신하는 것을. 그리고 그 말에 공감하는 사람들이 하나둘 모일 것이다. 그것이 내가 사업을 지속할 수 있는 이유다.

이제 당신도 말해야 한다. 지금 당장 확신이 없어도 괜찮다. 일단 말하면 된다. 그 말에 반응하는 단 한 사람이 당신에게 확신을 줄 것이다. 그리고 그 한 사람이 열 명이 되고, 100명이 되면서 당신은 더 이상 혼자가 아니게 된다.

그러니 두려워하지 말고, 애매하게 포장하지 말고, 그저 당신이 믿는 것을 말하라. 우리의 사람들은 이미 어딘가에서 우리의 목소리를 기다리고 있다.

기가 죽는 순간,
능력도 함께 멈춘다

　우리는 사업을 하면서 기가 죽어서는 안 된다. "갑자기 기가 죽지 말라니, 무슨 이상한 소리를 하는 거냐."라고 생각할 수 있다.

　하지만 이것은 단순한 마음가짐의 문제가 아니다. 과학적으로도 명확하게 증명된 사실이다. 캐나다 맥길대학교의 소니아 루피엥 박사의 연구에 따르면, 자신감이 결여된 사람들은 자부심이 강한 사람들에 비해 뇌의 크기가 약 20% 작고, 기억력과 학습 능력도 현저히 떨어지는 것으로 나타났다.

　기가 죽는다는 것은 단순히 자신감만 떨어지는 것이 아니다. 실제로 우리 몸에서는 스트레스 호르몬인 코르티솔이 과다 분비되고, 이는 해마의 기능을 위축시키는 방향으로 작용한다. 그 결과 기억력과 업무 집중력이 저하되고, 세로토닌이 감소하면서 기분 조절에도 문제가 생긴다. 다시 말해, 기가 죽으면 실제로 능력이 떨어진다. 이것은 마음의 문제가 아니라 뇌의 문제다.

기가 죽으면 실제로 능력이 떨어진다.

이것은 뇌의 문제다.

물론 우리가 모든 상황에서 자신감이 넘칠 수는 없다. 처음 해보는 일이라면 당연히 자신이 없을 수 있고, 모르는 분야라면 위축될 수 있다. 하지만 그럴 때 해야 할 일은 기죽는 것이 아니라 공부하는 것이다. 그 분야를 배우면 된다. 문제는 근거 없이 기가 죽는 경우다. 이미 충분히 알고 있고, 충분히 노력하고 있는데도 상대의 이미지나 타이틀 때문에 미리 주눅이 드는 것, 이것이 진짜 문제다.

어제 상담한 20대 사업가가 있었다. 그는 홈페이지 제작 일을 하고 있었는데, 전문직 분야로 영역을 확장하고 싶어 관련 콘텐츠를 발행하며 노력하고 있다고 했다. 그런데 상담을 하다 보면 왠지 기가 죽는다고 했다. 왜 그러냐고 물었더니, 전문직 종사자들을 떠올리면 지적으로 뛰어날 것 같은 이미지가 있어 상대하기 어렵게 느껴진다고 했다.

그러면서 이렇게 말했다.

"그 사람들에게 제가 알고 있는 게 도움이 되지 않을 것 같아요."

그래서 나는 이렇게 물었다. "물론 그분들이 공부를 정말 열심히 해서 전문 자격증을 취득했고, 자기 분야에서는 대단한 일을 하고 있는 것도 맞습니다. 그런데 홈페이지에 대해서도 같은 수준으로 공부했을까요? 홈페이지를 어떻게 구성해야 하는지, 사람의 시선이 본능적으로 어디에서 어디로 이동하는지, 브랜드 스토리를 어떻게 담아야 하는지까지 알고 있을까요?"

대부분은 그렇지 않다. 그래서 또 다른 전문가를 찾는 것이다. 마케팅을 모르기 때문에 마케팅 전문가에게 맡기고, 홈페이지를 혼자 만들 수 없기 때문에 그 분야의 전문가를 찾는다. 이것은 능력의 문제가 아니라 역할의 문제다. 물론 그들이 전문가를 비교하고 판단하는 데 익숙할 수는 있다.

하지만 그렇다고 해서 우리가 자신의 전문성을 당당히 말하지 못할 이유는 없다. 그래서 나는 다시 물었다. "대표님도 자기 일을 잘하기 위해 계속 공부하고 경험을 쌓아 오셨잖아요. 그렇다면 이 영역에서는 대표님이 전문가라고 봐도 되지 않을까요?" 그 말을 들은 대표는 잠시 생각하더니 이렇게 말했다. "맞아요. 저도 계속 공부하고 있고, 실제로 성과도 내고 있어요."

바로 그 지점이 핵심이다. 자기 분야에서 기죽지 않는 것. 이것은 근거 없는 자신감을 가지라는 이야기가 아니다. 이미 충분히 공부하고 시행착오를 겪으며 실제 결과를 만들어오지 않았느냐는 말이다.

자기 분야에 진심이고, 고객에게 분명한 가치를 제공하며, 그에 대한 정당한 대가를 받기 위해 사업을 하고 있다면 굳이 스스로를 작게 만들 이유는 없다.

사람들은 종종 착각한다. 상대가 유명하거나, 학벌이 좋거나, 자격증이 많거나, 나이가 많으면 모든 것을 다 잘 알고 있을 것이라고 생각한다. 하지만 현실은 전혀 그렇지 않다. 각자 잘 아는 영역이 다를 뿐이다. 의사는 의학을 잘 알지만 마케팅은 모를 수 있다. 변호사는 법을 잘 알지만 홈페이지 디자인은 모를 수 있다. 대기업 임원은 조직 관리는 잘하지만, SNS 콘텐츠 전략에는 익숙하지 않을 수도 있다.

우리가 자신의 분야에서 계속 공부하고, 시행착오를 겪으며, 고객에게 가치를 전달하기 위해 노력하고 있다면 그 분야에서만큼은 당신이 전문가다. 상대방의 타이틀이 아무리 화려해도 당신의 분야에서는 당신이 더 잘 안다. 이것은 교만이 아니라 사실이다. 그래서 나는 이렇게 말하고 싶다.

"기죽지 말자."

과학적으로도 기가 죽으면 능력이 떨어진다. 앞서 이야기했듯이 뇌 기능이 위축되고, 집중력이 저하되며, 판단력이 흐려진다. 반대로 자신감이 있으면 뇌가 활성화되어 더 명확하게 사고하고, 더 빠르게 문제를 해결할 수 있다.

이것은 단순한 마음가짐의 문제가 아니라 뇌의 작동 방식과 관련된 문제다. 물론 모르는 것은 인정해야 한다. 모르는 분야에 대해서는 겸손하게 배워야 한다. 하지만 이미 알고 있는 것, 계속 공부하고 있는 것, 경험으로 쌓아온 것에 대해서는 당당해야 한다. 그것이 나를 지키는 방법이고, 고객에게 가치를 온전히 전달하는 방법이다.

당신은 충분히 가치 있는 사람이다.

우리가 하는 일은 누군가에게 반드시 필요한 일이다. 그 사실을 믿고, 그 확신을 가지고 상대를 만나야 한다. 기죽지 말고 당당하게 말하자. "저는 이 분야의 전문가입니다. 제가 도와드릴 수 있습니다." 이것이 사업가의 자세다.

우리는 확신에 찬 사람에게 끌린다

누군가 강의를 한다고 가정해 보자. 한 사람은 확신에 차서 눈빛에서 에너지가 느껴지고, 말 한마디 한마디에 힘이 실려 있다. 다른 한 사람은 여러 근거를 들어 논리적으로 설명하지만 눈빛에는 확신이 없고 자신감이 부족해 보인다. 그렇다면 우리는 누구를 더 신뢰하게 될까? 대부분은 전자를 선택한다. 내용의 깊이나 근거의 많고 적음보다 확신이 사람을 움직이기 때문이다.

이 힘이 얼마나 강력한지는 사기꾼들이 보여준다. 그들은 거짓말을 하면서도 확신에 차 있다. 눈을 똑바로 바라보고, 당당하게 말하며, 조금의 흔들림도 없이 사람들을 설득한다.

그리고 그 확신 때문에 사람들은 속는다. "저렇게 확신에 차 있는데 거짓말일 리 없어."라고 생각하게 되는 것이다. 그만큼 확신은 사람에게 신뢰를 형성하는 강력한 힘을 준다. 의도적으로 만들어낸 확신조차 이 정도의 위력을 가진다.

그렇다면 우리는 어떤가. 우리는 실제로 가치를 제공하고 있고, 진지하게 공부하며, 고객을 돕기 위해 노력하고, 정당한 대가를 받으려 한다. 그런데 확신이 없다면 어떨까? 오히려 사기꾼보다도 신뢰를 얻지 못하는 상황이 될 수 있다.

거짓으로 확신을 드러내는 사람보다, 진실을 가지고 있으면서도 확신이 없는 사람이 더 신뢰받지 못하는 현실. 이것이 내가 기죽지 말자고 말하는 이유다. 우리가 사기꾼처럼 행동하자는 것이 아니다. 그들이 보여주는 확신의 힘을 이해하자는 것이다.

확신은 사람에게 신뢰를 형성하는 힘을 준다. 그렇다면 우리는 거짓이 아닌, 진짜 확신을 가져야 한다. 내가 이 분야를 충분히 이해하고 있고, 고객에게 실질적인 가치를 줄 수 있으며, 실제로 도움을 줄 수 있다는 사실에 근거한 확신 말이다.

기죽지 말자. 당당하게 말하자.

진짜 가치를 가진 우리가 확신 없이 말한다면, 그것은 오히려 고객에게 실례가 될 수 있다. 당신이 제공하는 가치가 진짜라면 그 확신 또한 진짜여야 한다. 그리고 그 확신이 눈빛과 목소리, 태도에서 자연스럽게 드러나는 순간, 사람들은 당신을 믿기 시작한다. 그것이 바로 신뢰의 시작이다.

무너졌을 때, 나는 다시 돌아올 수 있는가

사업을 오래 한다는 건,
결국 무너졌을 때 다시 돌아올 수 있느냐의 문제다.

지금 나는 그 준비가 되어 있는지, 아래 체크리스트로 확인해보자.

■ 나는 내가 선택한 기준을 유지할 수 있는 환경 안에 있는가?

□ 사업을 하는 것이 당연하게 여겨지는 환경에 나를 두고 있다.

□ 같은 상황을 가능성으로 해석하는 사람들과 정기적으로 교류한다.

□ 내가 선택한 세계관을 흔드는 말에 쉽게 휘둘리지 않는다.

□ 독서 모임, 사업가 모임 등 나의 해석 기준을 넓혀주는 공간이 있다.

■ 감정이 무너졌을 때, 다시 빠져나올 수 있는 출구가 있는가?

□ 감정을 글로 꺼내는 습관이 있다. (감정일기, 메모 등)

□ 화나거나 불안할 때, 그 감정의 진짜 원인이 무엇인지 스스로 질문한다.

□ 통제 가능한 영역과 통제 불가능한 영역을 구분하려고 노력한다.

□ 감정을 억누르기보다 인정하고 흘려보내는 쪽을 선택한다.

■ 내 뇌는 지금 어떤 크기의 문제를 풀고 있는가?

□ 눈앞의 문제에 감정을 소모하기보다, 더 큰 목표 안에서 바라보려 한다.

□ 목표의 크기를 의도적으로 키워본 적이 있다. (사고의 프레임을 바꾸기 위해)

□ 사소한 일에 화가 날 때, '이것 때문에 내 큰 목표가 무너지는가?'라고 스스로 물을
　수 있다.

□ 문제가 생기면 위협이 아니라 해결해야 할 과제로 바라보는 연습을 하고 있다.

■ 내 몸과 에너지를 지키는 장치가 일상에 고정되어 있는가?

□ 운동을 주 2회 이상 꾸준히 하고 있다.

□ 수면 시간을 6시간 이상 확보하려고 의도적으로 노력한다.

□ 일이 바빠져도 운동과 수면을 가장 먼저 빼지는 않는다.

□ 나를 회복시키는 취미나 활동이 내 일상 안에 존재한다.

■ 실패해도 돌아갈 수 있는 관계가 설계되어 있는가?

□ 실패했을 때 연락할 수 있는 사람이 최소 한 명 이상 있다.

□ 무너진 상태의 나를 보더라도 실패자로 규정하지 않는 사람이 있다.

□ 사업 고민을 솔직하게 나눌 수 있는 사람이 있다.

□ 가족이나 가까운 사람에게 내 사업에 대해 솔직하게 이야기한 적이 있다.

■ 내가 믿는 것을 밖으로 꺼내고 있는가?

□ 내가 믿는 방식과 철학을 콘텐츠나 대화를 통해 밖으로 표현하고 있다.

□ 내 이야기에 공감한다고 말해준 사람이 한 명 이상 있다.

□ 내 분야에서 나는 전문가라고 스스로 인정할 수 있다.

□ 상대의 타이틀이나 이미지 때문에 근거 없이 주눅 들지 않는다.

기세 또한 타고나는 것이 아니라 설계될 수 있다.

지금은 아직 갖춰지지 않았더라도 괜찮다.

이제부터 나를 다시 일으켜 세우는 장치를 하나씩 만들어가면 된다.

흔들리지 않으려 애쓰기보다,

다시 돌아올 수 있는 구조를 준비해보자.

마무리

이 책을 여기까지 읽었다는 사실 자체가 이미 당신이 쉬운 선택만 해온 사람은 아니라는 증거다. 아무 생각 없이 흘러가는 하루 속에서 이만큼의 글을 끝까지 읽는다는 것은, 지금 삶 어딘가에 풀리지 않는 질문 하나를 품고 있다는 뜻이기 때문이다.

당장 해결해야 할 사업 문제일 수도 있고, 방향이 맞는지에 대한 불안일 수도 있으며, 계속 이렇게 가도 되는지 스스로에게 묻고 있는 상태일 수도 있다. 어쩌면 누군가에게 명확한 답을 듣고 싶어서라기보다 "나만 이런 건 아니구나."라는 말 한마디가 필요했을지도 모른다.

나는 그 마음을 안다. 이 책에 담긴 대부분의 질문이 한때 모두 나의 질문이었기 때문이다. 나 역시 막연했고, 확신이 없었으며, 주변 사람들은 각자의 길을 잘 걸어가고 있는 것 같은데 나만 제자리에 서 있는 느낌이 들던 시기가 있었다.

그때 나는 끊임없이 나 자신을 의심했다. 내가 부족한 것은 아닐까, 잘못된 선택을 한 것은 아닐까, 이 길이 정말 맞는 걸까. 그리고 그 질문에 답을 찾기 위해 더 열심히 하려고만 했다. 더 공부하고, 더 버티고, 더 참아내면 언젠가는 괜찮아질 것이라고 믿었다.

하지만 시간이 지나면서 깨달았다.

문제는 의지나 노력의 양이 아니라는 것을.

사람은 그렇게 단순한 존재가 아니다. 아무리 좋은 전략을 알고 있어도, 아무리 옳은 방향을 이해하고 있어도, 무너질 수밖에 없는 날은 반드시 온다. 그런 날이 오면 대부분의 사람은 자신을 탓한다. 멘탈이 약해서, 꾸준하지 못해서, 재능이 없어서라고 말이다.

하지만 나는 이제 그렇게 보지 않는다. 그것은 개인의 문제가 아니라 구조의 문제다. 무너졌을 때 다시 돌아올 수 있는 길이 준비되어 있었는지의 문제다.

그래서 이 책에서는 '잘하는 방법'보다 '지속하는 방법'을 이야기했다.

더 열심히 하자는 말 대신 멈추지 않게 만드는 환경을 이야기했고, 멘탈을 단단하게 만들자는 말 대신 감정이 빠져나갈 출구를 이야기했다. 목표를 크게 가지라는 말 대신, 뇌가 어떤 질문을 붙잡고 있는지 점검하자고 했다.

그리고 무엇보다 혼자 버티지 않게 만드는 관계의 구조를 강조했다. 이 모든 이야기는 결국 하나로 모인다. 사람은 강해서 버티는 것이 아니라, 버틸 수 있도록 설계되어 있을 때 끝까지 갈 수 있다는 사실이다.

혹시 이 책을 읽으며 "이건 내 이야기인데."라고 느낀 순간이 있었다면, 그것은 우연이 아니다. 이 책은 완벽한 사람을 위한 책이 아니라, 계속 흔들리면서도 포기하고 싶지 않은 사람을 위한 책이기 때문이다.

아직 매출이 크지 않아도, 아직 방향이 명확하지 않아도, 지금 당장 자신감이 바닥이어도 괜찮다. 중요한 것은 지금 이 순간에도 질문을 멈추지 않았다는 점이다. 그리고 그 질문은 이미 제대로 된 방향을 찾고 있다는 신호다.

한 가지는 분명히 말하고 싶다.

나는 이 책을 쓰면서 단 한 번도 나 자신을 성공한 사람의 자리에 올려두지 않았다. 내가 100억, 200억을 벌었기 때문에 이 이야기를 하는 것도 아니다. 나 역시 여전히 이 길 위에 있고, 배우고 있으며, 구조를 다듬어 가는 사람이다.

다만 분명한 사실이 하나 있다. 이 방식이 실제로 사람을 다시 움직이게 만든다는 것을 나는 경험으로 알고 있다. 나 자신에게도, 내가 상담했던 사람들에게도, 그리고 내 이야기에 공감하며 모여든 사람들에게도 마찬가지였다.

이 책은 '나도 할 수 있다.'라는 자신감을 주기 위해 쓰였다. 하지만 그 자신감은 근거 없는 긍정이나 자기 암시가 아니다. 나는 대단하다고 외칠 필요는 없다. 대신 이렇게 말할 수 있으면 충분하다.

**"나는 지금도 배우고 있고, 진심으로 내 일을 하고 있으며,
고객에게 가치를 주기 위해 노력하고 있다."**

이 문장을 스스로에게 말할 수 있다면 이미 자격은 충분하다. 사업은 특별한 사람만 하는 일이 아니다. 계속 돌아올 수 있는 사람만이 끝까지 간다.

그리고 혹시 지금도 여전히 혼자라는 느낌이 든다면, 이 말은 꼭 전하고 싶다. 당신은 혼자가 아니다. 아직 닿지 않았을 뿐이다. 같은 고민을 했고, 같은 벽 앞에서 멈춰봤으며, 그래서 이 이야기에 공감하는 사람들은 이미 존재한다.

다만 그들을 만날 수 있는 구조 안으로 아직 들어오지 않았을 뿐이다. 환경은 우연히 만들어지지 않는다. 선택해서 들어가야 한다. 그리고 그 선택 하나가 생각보다 삶의 방향을 빠르게 바꿔놓는다.

이 책의 마지막에서 나는 당신을 어딘가로 초대하고 싶다.

만약 이 책이 조금이라도 도움이 되었고, 이 방식으로 한 번 더 버텨보고 싶다는 생각이 들었다면 '열끈마케팅'을 검색해 '그릿마인드' 카페로 들어와도 좋다. 그곳은 정답을 가르치는 공간이 아니다. 서로의 과정을 공유하고, 흔들리는 순간을 정상적인 과정으로 받아들이며, 혼자 버티지 않도록 구조를 함께 만들어가는 공간이다.

완벽한 사람들만 있는 곳도 아니고, 이미 모든 것을 이룬 사람들만 모여 있는 곳도 아니다. 대신 계속 해보려는 사람들이 있다.

함께 성장한다는 것은 서로를 억지로 끌어올린다는 뜻이 아니다. 각자의 속도로 가되 멈추지 않도록 서로를 붙잡아주는 것이다. 넘어졌을 때 다시 일어날 수 있게, 방향이 흐려질 때 다시 기준을 잡을 수 있게, 혼자라는 착각에 빠지지 않도록 곁에 사람이 있는 구조를 만드는 것이다. 나는 그것이 사업을 오래 지속하는 가장 현실적인 방법이라고 믿는다.

이 책은 여기서 끝나지만, 당신의 여정은 아직 진행 중이다. 오늘 하루가 엉망이어도 괜찮다. 이번 달이 흔들려도 괜찮다. 중요한 것은 다시 돌아올 수 있는 구조를 하나라도 남겼는지다. 이 책이 그 구조의 일부가 되었다면 그것으로 충분하다. 이제는 혼자서 자신을 몰아붙이지 않아도 된다. 당신은 이미 잘하고 있다. 완벽해서가 아니라, 계속 해보려는 사람이기 때문이다.

이제 다시 움직이면 된다.
빠르게가 아니라, 오래갈 수 있게.
혼자가 아니라, 함께.